상위 1%의 압도적 대화법

상위 1%의 압도적 대화법

김형준 지음

증명하지 못한 인생은 도태될 뿐이다

원하는 모든 것을 이루어내는 상위 1%의 기술!

RISE

프롤로그

3년간 세일즈맨, 2년간 팀장, 6년간 지점장을 지낸 14년 차 영업인.

3W(매주 3건의 계약) 116주(2년) 달성.

최연소 COT(연봉 3억, 업계 상위 1%) 멤버.

현대백화점 그룹에서 만든 신생 GA인 현대홈쇼핑GA 사업단장.

전국 500명 보험설계사분들을 관리하는 관리자.

29세에 부모님께 현금 1억을 드린 이야기를 담아 지은 책 《평범하게 태어나 특별하게 사는 삶》의 저자.

그리고 당신이 읽고 있는 이 책의 저자.

모두 나 김형준을 표현하는 말이다.

나는 영업에서 인생을 배웠다. 내게는 인생이 세일즈고, 세일즈가 인생이다.

우리는 무엇을 하든 사람을 상대해야 하고, 어디에 있든 그곳에서 자신을 세일즈해야 한다. 원하는 것을 얻기 위해서 상대방의 마음과 신뢰를 얻어야 한다. 상관의 인정, 부하의 인정, 동료의 인정을 받기 위해 업무 실력을 포함해 자신을 증명해야 한다. 이 모든 것은 대화와 관계로 이뤄낼 수 있다. 그러므로 세일즈맨뿐만 아니라 누구나 대화하는 법에 대해 제대로 알아야 한다.

세일즈 분야에선 자신의 상품을 팔아야만 소득이 생기기 때문에, 상대와 어떻게 대화하고 어떻게 관계 맺고 어떻게 실적을 만드느냐가 곧 소득으로 이어진다. 나는 계약이 없으면 월급도 없는 치열한 세일즈 분야에서 영업부터 영업 관리자까지 경험해 왔다.

말 잘하게 타고난 사람만 대화를 잘 이끌어나가는 게 아니다. 남 앞에 서기 어려워하고 항상 소심했던 나도 대화와 소통을 통해 사람들과 협상했고, 세일즈의 성과도 얻을 수 있었다. 더 나아가 만나는 많은 사람과 더 깊은 관계를 맺게 되었다. 단순히 말 잘하는 것으로 필요한 걸 얻어내는 게 아닌, 대화와 소통으로 관계를 만들어가는 것이 내 성공의 핵심이었다. 이것은 내가 14년 동안의 영업 인생을 기록해온 자필 스케줄러, 일기 속에 오롯이 담겨 있다. 내가 겪은 변화와 성공을 다른 분들께 전달해 도움을 드릴 수 있을 거라 생각해서 이 책을 정리했다.

인생에서 원하는 것을 얻고 성장하는 인생을 살고 싶은 분들, 혹은 세일즈를 하고 있거나 앞으로 도전할 독자분들에게, 이 책을 통해 상위 1%만의 성공 대화법을 알려드리고자 한다.

저자 김형준

CONTENTS

CHAPTER 2

상대에게서 YES를 이끌어내는 기술

CHAPTER 3

성공하는 1%는 이렇게 협상한다

CHAPTER 4
나를 성공으로 이끄는 법칙

CHAPTER 5
인간은 관계로 성장한다

The Art of Conversation

CHAPTER 1

나는 세일즈를 통해 성공을 얻었다

01

인생을 바꾼 나의 첫 목표

내가 세일즈 분야에서 활동하기 때문에 원래 외향적인 성격인 걸로 생각하는 분이 많다. 사실 어린 시절을 회상하면 늘 남들 앞에서 말하기 싫어하고 숨고만 싶어 하는 아이였다. 아니, 남 앞에 나서고 싶었지만 어떻게 말하는지 표현하는 방법을 몰랐다고 하는 게 맞겠다. 1남 2녀 중 늦둥이 장남이자 장손으로 태어나 집안의 기대를 만족시켜야 하는 부담도 갖고 있었다. 표현이 서툰 아버지와의 대화는 단절되어 남과 소통하는 법을 배우지 못한 채 10대를 보내고 고3 대입을 맞이했다. 평소 꼼꼼하고 완벽함을 좋아하던 성격이라 내신성적은 우수했다. 그래서 1학기 수시를 노렸지만 소심하고 내성적인 성격은 면접이라는 벽에 부딪혀 떨어졌다. 그렇게 부모님의 기대를 저버리고 지방의 평범한 대학교에 진학했다.

이렇게 내 20대의 시작은 실패, 부담, 좌절이라는 비관적인 것들뿐이었다. 희망과 미래라는 긍정적인 것들은 나와 어울리지 않았다. 입학 후 곧 있으면 날아올 입대 영장을 기다리며 술에 찌든 채로 하루하루 불안감에 떨어야 했다. 스스로 마지못해 사는 인생이라 느껴졌다. 늘 일만 하시는 부모님보다 늦게 일어나 아무도 없는 집에서 하루를 시작했다.

하지만 운명의 기회는 전혀 예상하지 못했던 곳에서 찾아왔다. 학교 앞에서 10년 전에 알던 동네 선배와 우연히 만났는데, ROTC(학군단)였던 그 선배는 후보생을 모집하던 중이라 오랜만에 만난 나에게 강제로 지원서를 작성하게 했다. 그 당시 ROTC가 뭔지도 모르는 나에게 선배는 공무원에 준하는 급여도 받을 수 있고, 장교 생활을 통해 소심하고 내성적인 성격을 바꿀 수도 있다고 설명했다.

성격을 바꿀 수 있다는 말은 놓쳐선 안 될 기회처럼 다가왔다. 나의 내성적인 태도는 스스로 콤플렉스였고, 이런 성격이라면 ROTC 면접에서도 실패할까 걱정스러울 정도였다. 그런 나에게 스스로 변화할 수 있는 일생일대의 기회가 찾아온 듯했다. 그동안 놀고 먹으면서 부모님께 떳떳하지 못하고 죄송스러운 마음이었기 때문이다.

시험이 있기까지 남은 두 달은 올림픽 출전을 앞두고 매일 훈련하는 국가대표 선수처럼 공부했다. 지방대일수록 경쟁률이 치열한데, 무려 8 대 1이라는 치열한 싸움이었다. 아버지도 예전에 ROTC에 지원했으나 떨어졌다는 이야기를 듣고, 이번에야말로 아버지께 인정받을 수 있는 기회라고 생각했다. 반드시 합격해야 하는 이유가 더 생긴 것이다. 그렇게 두 달간 매일 운동을 하며 면접을 준비했고 어느 정도 운까지 따라준 덕에 나에게 인생 2막, 장교 후보생으로서의 새로운 인생이 시작되었다.

지금의 나를 만들어준 첫 번째 행운은 그렇게 전혀 예상하지 못했던 장소, 시간, 사람으로부터 찾아왔다.

인간의 신체 부위 중
유일하게 성형할 수 없는 곳.

눈빛.

유일하게 바꿀 수 있는 건
자신의 마음가짐과 태도뿐.

02

평생 직업을 만든 1년의 시간

부자가 되는 방법은 세 가지다. 부자인 부모를 만나거나, 부자인 배우자를 만나거나, 내가 부자가 되거나.

나는 내가 부자가 되는 길을 선택했다. 평범한 가정에서 부모님의 사랑을 받고 자란 것만으로도 감사하고 행복한 일이며, 당연한 것도 아니다. 하지만 우리 부모님처럼 지방에서 평범하게 살아가고 싶진 않았다. 한 번 사는 인생인데 특별하게 살고 싶었다. 부모님이 원하는 삶을 살아간다면 효도는 하겠지만 나중에 내가 후회할 것만 같았다.

군대에서 월급을 받던 장교 시절에는 오늘 하루 최선을 다한다고 해서 내 인생이 바뀌는 건 아니었다. 인생은커녕 내 월급조

차 바뀌지 않았다. 보상이라곤 상관과 부하의 인정이었다. 그때는 그 인정에 왜 그렇게 목숨을 걸었는지 모른다. 하지만 현실에선 늘 부모님께 용돈을 드릴 때 고민해야 했고, 비싼 가게에 들어가기 전에 한 번 더 생각해야 했으며, 미래를 설계하기에는 급여가 너무나 부족해 보였다.

어머니께서 사주신 9급 공무원 문제집을 덮고 1년이라는 도전의 시간을 허락받았다. 전역하던 날 바로 서울로 상경했다. 다음 날부터 바로 영업자로 취업해 신입교육을 받아야 했기 때문이다.

서울에서도 강남, 강남에서도 청담동. 26년을 살면서 단 한 번도 와보지 못했던 곳. 드라마에서나 본 잘사는 사람들의 동네. 이곳에 내가 매일 출근할 지점이 있다는 것만으로도 이미 반은 성공한 듯했다. 왜냐면 눈에 보이는 게 모두 외제차에, 끝이 안 보이는 고층빌딩에, 세련된 옷차림의 사람들이었기 때문이다. 그동안 접해보지 못한 새로운 세계였고, 나의 가슴을 뛰게 만들기 충분했다. 빨리 이들 같은 삶을 누리는 사람이 되고 싶었다.

평생 자산이 된 1년의 시간

인생이 180도 바뀌기 위해서는 세 가지가 달라져야 한다. 사는 곳을 바꿔야 한다. 만나는 사람도 달라야 한다. 그리고 이전과는 다르게 살아야 한다.

나는 군대에서 사회로 환경을 옮겼기에 자연스럽게 사는 곳이 달라졌다. 영업을 하며 사람을 만나야 하니 만나는 사람도 달라졌다. 하는 일도 달라졌다.

이번 달 어떤 실적을 달성하느냐에 따라서 다음달 내 급여가 달라지는 환경이다. 장교로 근무하던 2009년 당시 월급이 130만 원이었는데, 1000만 원도 꿈꿀 수 있는 곳에서 일하게 되었다. 8개월간 한 푼도 안 쓰고 모아야 손에 쥘 수 있는 돈을 한 달 만에 벌 수 있다. 자존심 따위는 버리겠다고 생각했다. 1000만 원을 벌 수 있는데, 지인들이 내 직업을 무시하고 조롱하고 걱정하더라도 그게 뭐라고.

나중에 결과로 보여주면 된다. 모든 건 결과에 달려있다. 실제로 처음 보험 세일즈를 시작한다고 했을 때 하지 말라고 반대했던 동료, 지인들도 내가 3년 이상 계속 잘하고 있는 모습을 보여주니 "넌 진짜 잘될 줄 알았어"라고 말했다. 그래서 반드시 성공해야 한다. 도전할 때 절대 주변 사람들의 말에 휘둘리지 마라. 경험해보지 못한 분야에 도전하게 되어 막막하더라도, 실패한 자들의 조언 따위는 갖다 버려라. 내 인생이고 내 선택이다. 인생의 선택에 정답이란 없다. 내 선택이 정답이 되게끔 오늘 하루를 최선을 다해 살아가는 노력만 있을 뿐이다.

명심하길 바란다. 결과가 중요하다. 반드시 나를 무시한 사람들에게 성공으로 증명하고 보여줘라.

처음 1년은 하루 24시간 중 4시간만 잠을 잤다. 깨어 있는 20시간 동안에는 3W, 매주 3건의 계약을 어떻게 하면 달성할 수 있을 것인지만 생각하고 고민하고 실행했다. 매주 월요일 아침을 욕으로 시작하고, 일요일 저녁을 욕으로 끝냈다. 마른 오징어를 쥐어짜듯 매주 나의 한계를 뛰어넘었다.

그렇게 주당 3건 계약을 한 주 한 주 달성하다 보니 어느덧 30, 40주를 넘어 1차 목표였던 꿈의 50주를 넘어섰고, 그렇게 1년을 달성해냈다. 그동안 100명이 넘는 고객님과 5명 이상의 키맨을 모시게 되었다. 매일 현장에서 상담을 하며 보낸 1년의 시간을 통해 지식과 기술은 엄청나게 성장했다. 초창기에 10명을 만나 그중 3명을 계약할 수 있었다면, 이제는 6명 이상을 계약시킬 능력치가 되었다. 응원해주는 고객들과 키맨들로 나의 세일즈는 안정권에 접어들고 소득은 점점 높아지니 자신감도 올라갔다.

영화 '기생충'에 나오는 가난한 가족의 아들 기우는 과외 학생에게 말해준다. "실전은 기세"라고. 세일즈 현장에서도 기세가 중요하다. 내면에서 나오는 자신감도 있어야 하고, 상대방을 내게 끌어당길 에너지도 있어야 한다. 상담의 경험치에서나 소득에서나 어떤 고객이든 끌어당길 수준이 되니, 2년 차부터 매주 3건 계약은 그냥 당연히 하는 일이 되었다.

그렇게 1년을 넘어 관리자가 되기 직전까지 3W를 2년 4개월

연속으로 달성했다. 그 결과 첫 해에 연봉 1억, 두 번째 해에 연봉 2억, 세 번째 해에 연봉 3억으로 매년 연봉을 1억씩 높여갔다.

다시는 돌아가고 싶지 않고 다시 하라면 못 할 처음 1년의 시간이 있었기에 지금까지 14년을 해올 수 있었다. 그때 형성된 올바른 태도, 꾸준한 습관, 높은 눈높이가 지금의 세일즈 인생을 만들었다. 가장 큰 성과라면 아무리 힘들고 어려운 시련이 오더라도 그때의 성공 경험치로 언제든 다시 재기할 수 있다는 스스로에 대한 믿음이 생겼다는 점이다. 세상에 불가능이란 없다는 믿음이다. 올림픽의 신기록이 계속 깨지듯, 포기하지 않으면 자신의 한계도 반드시 극복할 수 있다. 이제는 세일즈 인생 최고 절정기를 맞이했다. 처참하게 실패해 월급 70만 원을 받는 나락의 시간도 있었지만, 그 전에 기회를 기다릴 수 있는 체력을 쌓아두었기에 재기가 가능했다.

평생 직업은 스스로 만들어라

사람이 사람을 설득하는 일은 그 어떤 관계에서든 세일즈와 같다. 그러므로 세일즈가 곧 인생이다. 만약 실패하더라도 최선을 다했다면 반드시 그 이상을 얻을 수 있을 것이다.

세일즈에서 배운 사람을 대하는 태도, 사람의 마음을 얻는 법, 목표를 계획하고 달성하는 법, 시간을 효율적으로 관리하는 법 등은 다른 모든 일에도 접목시킬 수 있다. 자기 사업을 목표로 한다면 더욱 그렇다. 현재 모습으로 자신의 인생 전체의 한계를 정하지 마라. 저스펙 실패자였던 내가 그랬던 것처럼, 세일즈를 통해 스스로의 삶을 바꾸고 가족의 인생도 바꿀 수 있다. 부모님께 고민 없이 용돈을 드릴 수 있고, 부담 없이 비싼 가게에 들어가고, 내 인생을 원하는 대로 설계하는, 행복하고 여유 있는 삶이 펼쳐질 것이다.

직장을 다닐 때도 인간관계로 인한 스트레스, 성과에 대한 압박감을 받았다. 세일즈를 할 때도 마찬가지였다. 무슨 일을 하든 늘 스트레스는 없을 수 없다. 어차피 받을 스트레스라면 소득 수준을 바꿀 수 있는 분야에서 받자.

세일즈는 막연히 고정적인 급여가 없어서 불안하다고만 한다. 그렇다고 일반 직장이 안정적인 것도 아니다. 백세 시대가 된 이상 평생직장의 개념은 없어진 지 오래다. 공무원이 아니라면 이제 세일즈는 선택이 아닌 필수다. 한 번 살아가는 인생에서 반드시 세일즈를 경험하라. 당신의 인생에서 1년 만이라도 미쳤다는 소리를 들을 정도로 열정을 갖고 살아보는 시간을 가져보길 바란다. 어쩌면 세일즈에서 보낸 1년이 당신의 인생을 송두리째 바꿔줄 수 있다.

누가 잘되든

누가 망하든

관심을 꺼라.

내 소득에 상관 없는

가십거리에 신경을 꺼라.

당신의 성장에만 몰입하라.

내가 성공한 비결이다.

03

내성적인 영업자의 성공전략

"세일즈는 외향적인 사람이 잘할까, 내성적인 사람이 잘할까"라는 질문을 받으면 나는 이렇게 말한다. 나처럼 내성적이면서 스스로 외향적으로 변화하려고 부단히 노력하는 사람이라고.

처음 세일즈에 도전한다고 했을 때 가장 반대했던 사람들은 가족이었다. 어린 시절부터 늘 조용하고 내성적이라 말도 잘 못하던 아들이 사람을 상대하는 영업을 하겠다고 하니 실패할 거라고 확신하셨을 것이다. 당연한 반응이다. 원래 성격도 외향적이기보단 혼자 있는 걸 좋아하고 조용한 성격이다. 그래서 조금이나마 성격을 개선해보고자 선택한 게 장교 생활이었다. 2년 4개월 동안 병사들을 관리하고 지도하면서 큰 변화를 겪었다. 많은 사람

앞에서 자신 있게, 떨지 않고 당당하게 내 생각을 말할 수 있는 사람으로 바뀌었다. 하지만 이런 모습은 사회성이 향상된 것이지, 본래 내 성격이 바뀌지는 않았다.

자신의 성격이 내성적이고 소극적이라고 해서 세일즈 분야에 도전하지 못하는 사람들이 많다. 나는 걱정 말고 과감하게 도전해보라고 조언한다. 내성적인 사람들은 말하는 것을 그렇게 좋아하지 않는다. 그래서 말하기보단 듣기에 강하다. 눈치를 잘 보기 때문에 세심한 부분도 놓치지 않는 강점이 있다. 반면에 외향적인 사람들은 활동적이고 활발하며 사람들을 만나 어울리기를 좋아한다. 자신의 생각과 의견도 적극적으로 표현한다. 그러다 보니 듣기보단 자신이 말하는 것에 집중할 수밖에 없다.

우리는 어린 시절부터 '조리 있게 말하기' '생각을 자신 있게 말하기'처럼 말하기 교육은 받아왔다. 하지만 듣기에 대한 교육은 전혀 받지 못했다. 말하기처럼 듣기에도 교육과 연습이 반드시 필요하다. 연인, 부부, 친구, 지인 등 모든 인간관계에 있어서도 소통은 정말 중요하다. 테니스나 탁구를 칠 때 공이 양쪽으로 왔다 갔다 반복해야 재밌는 게임이 되지, 공이 한쪽으로만 가고 상대측에서 넘어오지 않으면 게임은 중단된다. 대화는 말하기와 듣기가 자연스럽고 유기적으로 반복되어야 한다. 더 나아가 현명한 소통이란 상대방이 말을 더 많이 하게끔 하는 것이다. 나는 딱히 배운 것은 아니지만 어린 시절의 내성적인 성격으로 소통을 할 때 말하기보다는 듣기가 더 자연스러웠고, 영업을 시작해서나 관리자를 할 때도 늘 말을 하기보단 듣는 것으로 상대방의 마음을 얻었다. 그러다 보니 들어주고 공감하고 경청하는 것에 능했다.

만나는 사람들의 마음을 쉽고 빠르게 얻을 수 있는 법은 듣기에 달려있다. 예를 들어 채용 미팅을 할 때도 처음 10분간은 내 이야기를 말한다. 핵심은 임팩트 있고 조리 있게 자신과 회사를 설명한다. 그 이후부터는 절대로 내 이야기를 하지 않고 질문을 시작한다. 상대방이 말하게끔 유도하는 것이다.

"현재 다니고 계신 회사는 왜 선택하셨죠?"

"세일즈는 왜 선택하셨죠?"

"어떤 계기로 우리 회사에 관심을 갖게 되셨나요?"

"앞으로 우리 회사에서 이루고 싶은 비전은 무엇인가요?"

'무엇'을 '어떻게'보다는 '왜'에 입각해 몇 가지 중요한 질문을 던진다. 생각하고 고민해야 답할 수 있는 몇 가지 질문만 해도 상대는 자신의 이야기를 시작한다.

이때 중요한 두 가지가 있다.

첫째, 절대 상대의 말을 끊지 않고 귀 기울여 들어야 한다.

둘째, 상대의 말에 나의 생각을 바로 말하지 않는다.

듣기에서의 주인공은 내가 아닌 상대방이다. 내 생각과 이야기를 말하기보다는, 상대가 충분히 이야기할 수 있도록 배려하고 상대의 이야기에 있는 그대로 반응하는 게 중요하다.

"(당신은) 전에 그런 상황을 접하게 되셨군요."

"(당신은) 그런 대접을 받아서 많이 힘들었겠어요."

"(당신은) 앞으로 어떤 지원을 원하시나요?"

상대방이 주인공이 되도록 '당신'에 대해 이야기한다(you-message, 너 전달법). 상대방이 충분히 말해서 더 이상 할 말이 없어지면 그때부턴 나의 이야기를 조금씩 시작한다. 이때 주인공은 나이기 때문에 '나'로 시작한다(I-message, 나 전달법).

"(나는) 당신이 우리와 함께하면 좋겠어요."

"(나는) 당신 같은 리더가 필요합니다."

"(나는) 당신의 성장을 위해 이러한 지원을 해드릴 수 있어요."

'나 전달법'은 나의 감정이나 상황을 있는 그대로 전달함으로써 상대가 스스로 생각하고 판단할 수 있도록 한다. 상대방 또한 이를 위해 나의 말에 경청하도록 만드는 것이다. 열심히 상대방의 말을 듣다 보면 반드시 그 문제를 해결할 실마리라든지, 상대방이 진심으로 원하는 핵심을 파악할 수 있다.

소통에는 이렇게 듣기가 중요한데, 대부분의 사람은 반대로 듣기보다 말을 많이 한다. 처음 대화를 시작함과 동시에 자기 이야기를 하느라 정신이 없다. 상대방은 시간이 지날수록 집중도가 떨어지기 마련이다. 상대의 마음이 열리지 않아 결국 자신이 원하는 진짜 정보를 듣지 못한다. 결국 시간이 지날수록 설득할 수 있는 확률은 낮아져 간다. 말이 많아지다 보면 누구나 실수를 하거나 본색을 드러내게 된다.

인간관계, 협상, 모든 사람 사이의 소통에 있어서 보편적인 정답은 사실 간단하다.

"입을 열지 말고 귀를 열어라."

듣는 시간이 길어질수록 승리의 확률 역시 올라간다. 답은 여기에 있다. 내가 14년 동안 세일즈를 통해 원하는 것을 전부 얻을 수 있었던 강력한 비결이자, 만나는 모든 사람의 마음을 얻을 수 있었던 비법이다. 듣기만 잘해낸다면 당신도 무조건 할 수 있다.

하면 되는 게 아니라

계속 반복하면 된다.

작심삼일이 아니라

계속 작심하면 된다.

내가 특별해진 비결은

계속하기 때문이다.

잘하려고 하지 말고

계속하기를 멈추지 마라.

04

나만의 세일즈 디테일 11가지

상대방의 거절을 이겨내는 법

사람들은 거절당하기를 두려워한다. 그래서 말도 못 하고 끙끙 앓다가 포기하는 사람이 많다. 하지만 거절당할 수 있다는 것을 받아들여야 한다. 사실 거절은 당연한 일이다. 제안을 하고 판매를 하는 세일즈맨들에게 거절은 필수 불가결한 일, 오늘 한 번도 거절당하지 않았다면 일을 하지 않은 것과 같다.

14년 차인 나도 거절을 당할 때가 있다. 두려워하지 말고 하고 싶은 말은 전부 꺼내야 한다. 말하지도 않고 혼자만의 상상으로 결과를 미리 판단하는 것만큼 어리석은 일도 없다. 제안을 했을 때 거절이 나오면 바로 포기하는 경우도 많은데, 절대로 그래선 안 된다. 계약을 제안하는 클로징은 최소 3번 한다. 한 번 클로징을 하고 거절하면 반드시 재클로징을 한다. 고객을 타이르듯이 절대로 화를 내도 안 되고 보채도 안 된다. 능청스럽게 펜을 꺼내서 고객의 손에 쥐여주며 또 한 번 클로징을 한다. 그럼에도 또 거절 의사가 나오면 마지막으로 한 번 더 클로징을 한다. 이렇게 총 3번의 클로징을 하고 나면 고객의 진짜 거절 이유가 나오게 된다.

처음 거절과 두 번째 거절에서는 본심이 나오지 않는다. 마지막 세 번째 클로징에서 거절하면 진심이 나올 확률이 높다. 클로징 네 번부터는 부담감으로 마음을 상하게 할 수 있으니 더 이상은 하면 안 된다.

"알겠습니다. 오늘 꼭 제안을 받아들이지 않으셔도 됩니다. 다만 오늘 진짜 제안을 받아들이지 못하시는 이유가 정말 궁금합니다. 제가 펜을 드릴 테니 진짜로 거절하시는 이유에 대해서 가장 중요한 이유 3가지, 또는 5가지 정도를 적어보시죠. 진짜 이유가 궁금해서 그렇습니다."

이렇게 고객에게 제안해서 생각할 시간을 준다.

사람은 원래 본능적으로 선택을 미루려는 습성이 있다. 고객의 거절을 수긍하고 이해해줘야 한다. 거절의 이유는 부담이 되거나 또는 불안하기 때문이다. 불안을 없애는 가장 빠르고 쉬운 방법은 그 불안을 기록을 통해 해소시키는 것이다. 꼬리에 꼬리를 무는 생각들을 기록으로 적게 함으로써 생각 정리를 도와줘야 한다. 가장 큰 이유인 첫 번째 이유를 적는 순간, 나머지 두 번째, 세 번째도 금방 술술 나오게 된다.

개수를 떠나서 다 적고 나면 이제 한 가지씩 다시 재거절을 한다. 거절하는 이유를 재설득시킴으로써 정리되지 않았던 불안을 해소시켜 주는 과정이다. 자신이 적은 거절의 이유를 하나하나 다시 이해하고 설득이 된다면 제안을 받아들이지 않을 이유가 없게 된 것이다.

이렇게 진행을 했음에도 불구하고 거절을 하고 생각할 시간을 달라고 한다면 반드시 마감기한 날짜를 정하고 헤어져야 한다. 최소 3일에서 7일의 고민할 시간을 준다. 마감기한을 정하지 않고 헤어지면 서로 애매해지고 막연해진다. 시간을 정하고 그 안에 마음의 정리가 되면 언제든 연락을 달라고 하고 헤어진다. 반드시 마감기한을 정하고 헤어져야 깔끔하다.

고객의 거절은 있을 수 있으며 당연한 일이다. 그러니 포기하지 말고 고객의 거절을 재거절하라. 한 번의 거절에 쉽게 포기하지 말고 반드시 세 번까지는 도전하라.

실행력을 키우는 법

심리학적으로 사람은 '나'가 아닌 '너'로 말했을 때 부담감을 더 갖게 된다. 예를 들어 "나는 할 수 있다"가 아니라 스스로에게 "너, ○○○은 할 수 있어"라고 말하는 것이다. 자신과의 약속은 실패해도 부담감이 덜하기 때문에 실행할 확률이 떨어지는 반면, 누군가에 의해 지시받는 느낌을 받으면 부담을 더 갖게 된다. 사람은 부담감을 갖지 않으면 실행하지 않는다. "너는 할 거야" "너는 할 수 있어" "너는 무조건 이룬다"라고 말해보자. 인간의 마음과 의지는 절대로 환경을 이길 수 없다. 혼자만 생각하고 있으면 편하고 싶은 본능과 반드시 타협하다가 지고 만다. 실패자들이 가장 잘하는 게 바로 자기 합리화다. 그러니 할 수밖에 없는 환경을 조성해보자. 그리고 많은 사람에게 자신의 목표를 알리자. 성공의 시작은 말로 내뱉는 순간부터 시작된다. 왜냐면 책임감과 부담감이 더욱 커진다.

이것보다 더 높은 확률을 만드는 방법은 다른 사람들과 내기를 하는 것이다. 핵심은 부담을 느낄 정도의 조건이 전제되어야 한다는 점이다. 나 같은 경우 팀장 시절에 팀원들과 다이어트 내기를 했는데, 3개월 안에 8킬로그램 감량에 실패하면 인당 50만 원씩, 총 300만 원 내기를 한 적이 있었다. 돈이 걸리니 그날부터 자연스럽게 먹는 것을 줄이고 운동도 하게 되어, 약속했던 날보다 훨씬 더 빨리 체중감량에 성공한 경험이 있다.

내기 금액이 클수록 실행할 확률은 더 높아진다. 호랑이가 쫓아오면 사슴은 온 힘을 다해 도망가기 마련이다. 약간의 인위적인 환경조성만으로도 당신의 실행력은 성장하게 된다.

멘탈을 지키는 법

영업은 멘탈 게임이다. 자신의 기분이 좋아야 행복한 기운이 고객님에게 전달이 되고 계약으로 이어진다. 하지만 현실은 매 순간 계획한 대로 되지 않아 짜증이 나거나 멘탈이 깨지고 흔들릴 때가 많다. 기분이 태도가 되지 않게끔 매 순간 자신의 감정을 조절해야 한다. 추천하는 해결방법은 그럴 때마다 자신을 위한 선물을 해주는 것이다. 크고 비싼 게 아니라 작고 사소한 것일수록 좋다. 원하는 걸 사고 카톡으로 스스로에게 메시지도 적어본다.

"○○아! 넌 잘하고 있어. 오늘 미팅은 잘 안됐지만 차 한잔 마시면서 진정하고 재정비해보자. 이 또한 지나갈 거고 결국은 반드시 잘될 거야."

일상에서 칭찬 한마디, 배려 한마디 듣기 어려운 게 현실이다.

스스로를 아껴주고 관심을 가져줘야 한다. 내가 행복해야 세상도 행복하게 바라볼 수 있다.

매월 급여의 10%는 자신을 위한 선물을 해보자. 기분이 안 좋고 처질 때마다 작지만 소소한 셀프 선물을 통해 멘탈을 잡아라. 그날의 작은 불씨가 큰 성과로 이어질 수 있다.

술을 제대로 활용하는 법

힘들다고 술을 마시면 아마추어다. 술을 마신다고 해서 현실의 일이 해결되는 것도 아니다. 취기를 통해 잠시 동안 마음의 안정은 찾을 수 있겠지만 현실은 변하지 않는다. 돈은 돈대로 쓰고 건강과 다음날의 컨디션에도 악영향을 끼친다. 우리는 프로가 되기 위해 매일 자신의 건강과 체력을 최상으로 만들어놓고 고객을 만나야 한다. 힘들수록 감성보다는 이성적으로 생각하려 노력해야 한다. 지금 왜 힘든 건지, 이 위기를 이겨내기 위해서 현실적으로 할 수 있는 일은 무엇인지 냉정하게 적어본다.

나의 원칙은 무조건 기분이 좋을 때만 마신다는 것이다. 즐거운 기분이 두 배, 세 배가 되어 더 크게 행복해지기 위해서다. 힘들 때 술을 마시면 안 좋고 힘든 기분이 두 배, 세 배 더 커진다.

인간관계에 있어서도 술은 잘 활용하면 득이 되지만, 기분이 안 좋거나 힘들 때 마시면 독이 된다. 일이 잘될 때 성공에 취해있는 것도 문제지만, 일이 안 풀린다고 해서 술에 취해있는 것은 더 큰 문제다. 늘 맨정신으로 긴장의 끈을 놓지 않고 기회를 잡기 위해 노력해야 한다.

퇴근하고 집에 바로 가면 안 되는 이유

출근만큼 중요한 것이 귀점을 하는 것이다. 귀점이란 일과를 마친 뒤 집으로 귀가하는 것이 아니라, 다시 회사로 복귀해서 하루를 정리하고 퇴근하는 것이다. 내가 영업을 할 때는 항상 지방에서 스케줄을 마치고 서울에 도착하면 22시가 넘었다. 집으로 가지 않고 지점으로 복귀하면 늘 팀장님이 계셨고 그날 있었던 일과를 이야기하고 스트레스를 풀면서 정신력을 재정비했다. 무엇보다 중요한 자신과의 대화시간을 가졌다. 오늘 만났던 사람들과 나눈 대화 내용, 오늘 잘못하고 반성할 일, 오늘 잘한 일 등 아침부터 저녁때까지 하루 동안 있었던 일을 정리한다.

하루를 정리하면서 내일 하루를 어떻게 살 것인지에 대해서 준비하는 게 더 중요하다. 만약 내일 스케줄이 없다면 출근해서 만날 약속을 잡는 데 집중해야 한다. 오늘 할 일과 내일 할 일을 정리하고 반성하며 각오를 다지는 시간을 갖자.

귀점을 위한 강제적인 방법도 있었다. 오전에 스케줄을 진행하기 위해 밖으로 나갈 때 집 열쇠를 책상 위에 일부러 올려놓고 나가는 것이다. 그러면 어쩔 수 없이 다시 회사로 복귀해야만 한다. 집 열쇠를 가지러 늦은 시간 지점에 오면, 친하지 않았던 다른 지점 사람들도 만나게 되어 친해질 수 있는 기회도 생기고, 저녁 늦게까지 남은 실력 있는 선배님과도 소통하게 되어 배움의 기회도 얻었다. 기회비용을 따져 봤을 때 집에 있는 것과 회사에 있는 것은 너무나 차이가 난다.

성공하고 싶다면 귀점은 출근만큼이나 중요하다. 적어도 처음 1년간은 의무적으로 귀점하는 습관을 들여야 한다. 올바른 태도 위에 올바른 지식과 기술을 쌓아야 한다. 오늘부터 당장 귀점을 습관화하자. 출근과 귀점만 잘한다면 당신은 이미 성공한 것이나 다름없다.

SNS 첫인상의 중요성

과거에 영업을 할 때 첫인상은 대부분이 전화상의 목소리였다. 그래서 반드시 대본을 보면서 전화 연습을 많이 해야 한다. 현재는 웬만해선 대부분이 카카오톡을 사용하기 때문에, 번호만 저장되어 있다면 카카오톡 프로필 사진을 볼 수 있으므로 프로필 사진이 그 사람의 첫인상이 된다. 상대도 내 프로필 사진을 보고 신뢰가 생길 수도 있고, 오히려 호감도가 떨어질 수도 있다. 그러니 안정적인 궤도에 올라오기 전까지는 자기 분야와 관련된 전문가 느낌이 나는 신뢰가 가는 사진으로 꾸며놓아야 한다. 프로필 메시지도 목표지향적이고 열정적인 사람으로 느껴지게끔 적어놔야 한다.

별거 아닌 사소해 보이는 부분도 무시하지 않고 정성을 들여야 한다. 프로필 사진을 방금 추천한 것처럼 꾸며놓는다고 해서 무조건 성공하는 것은 아니다. 하지만 성공한 사람들의 대부분은 카카오톡 프로필을 자신의 비즈니스에 맞게끔 정성스럽게 꾸며놨다. 이게 팩트다. 아마추어는 무시하지만, 프로는 디테일에 강하다.

계약 취소 시 해결법

세일즈맨의 최대 스트레스는 고객 변심으로 인한 계약 철회나 해약이다. 이럴 때는 반드시 전화나 문자로 연락하지 말고 무조건 만나야 한다. 자신의 전화로 연락을 하면 부담을 느낀 고객이 받지 않을 확률이 높다. 그러니 모르는 번호로 전화를 해야 한다.

통화가 연결되면 철회접수나 해약문의 사실을 확인하고 자연스럽게 약속을 잡는다. "다행히 다음 주에 그쪽 지역에 상담이 있어서 가게 되니 그때 철회나 해약접수를 도와드리겠다"고 하고 안심시킨다. 무조건 그냥 일단 만나야 한다.

막상 만나서 눈을 보며 대화를 시작하면, 변심한 고객의 실제 마음을 확인할 수 있다. 정확한 변심 이유를 확인하고 나면 불안해진 고객에게 다시 한번 프레젠테이션을 해야 한다. 불안을 확신으로 다시 바꿔줘야 한다.

이렇게 했을 때 최선의 상황은 두 가지다. 첫 번째는 계약도 다시 유지시키고 찾아오게 한 미안한 마음으로 소개를 또 요청해서 소개를 받아오는 것, 두 번째는 계약 철회는 막지 못했지만 미안한 마음에 소개라도 받아오는 것이다. 만약에 계약이나 소개 둘 다 받지 못한다면 이후에는 관계가 애매하고 민망해져 인연이 끊길 확률이 높다. 그러니 반드시 적은 금액이더라도 계약을 체결해서 연결고리를 만들어야 한다.

만약에 안 되면 아래처럼 꼭 원만한 관계를 유지하고 헤어지는 것이 중요하다.

"아쉽게도 고객님으로서의 인연은 여기까지지만 저는 우리의 인연이 계속되길 바랍니다. 앞으로도 부담없이 연락하고 지내다가 언제든지 필요하시면 그때 도와드리겠습니다."

특별한 생일 챙겨주는 법

최고의 생일 축하는 케이크나 선물을 갖고 직접 만나는 것이다. 시간을 내는 것이 가장 뜻깊고 고마운 일이기 때문이다. 키맨이나 중요한 고객에게는 이렇게 할 수 있지만, 늘어나는 고객들을 일일이 매년 직접 찾아가서 챙기는 건 현실적으로 어렵다. 현명하고 올바른 선물은 주는 사람도 부담스럽지 않아야 하는 법이다. 꾸준히 지속적으로 할 수 있는 방법이어야 한다.

내가 활용한 최고의 생일선물은 내가 직접 생일축하 노래를 불러서 녹음해 카톡 음성 메시지로 보낸 것이었다.

"고객님, 오늘 40번째 생신을 진심으로 축하드립니다. 제가 축하 노래 불러드릴게요. 생일 축하합니다~ 생일 축하합니다~ 사랑하는 ○○고객님~ 생일 축하합니다~"

여기에 손으로 적은 축하 메시지도 촬영해서 소소한 기프티콘 선물과 함께 보내준다. 실질적으로 들어간 비용은 얼마 되지 않지만 고객이 받는 느낌은 10배 이상의 효과가 있다. 효율적인 선물이란 바로 이렇게 하는 것이다. 4만 원의 케이크를 보내주고 4천 원의 효과만 본다면 비효율적이다. 소통이 간편해진 디지털 시대에 아날로그식 진심과 마음을 담아서 전한다면 고객에게 특별하게 기억될 것이다. 적어도 흔하게 보내는 지인들의 문자나 이모티콘, 기프티콘보다는 훨씬 감동을 주면서 말이다. 물론 생일축하 노래를 녹음하는 건 민망하다. 하지만 낮은 실적과 연봉이 더 부끄럽고 민망한 일이라는 걸 알아야 한다.

최고의 가성비 선물

한번은 정주영 회장님과 양탄자를 타고 하늘을 나는 꿈을 꾼 적이 있다. 너무 좋은 꿈이어서 로또도 샀다. 때마침 인플루언서분을 처음 만날 기회가 있었다. 뭘 드리면 좋을지 고민하다가 그 주에 산 로또를 선물로 드렸다. 손편지와 부담스럽지 않은 선물도 함께 챙겼다.

"제가 평소에는 로또를 안 사는데, 최근에 너무 좋은 꿈을 꿔서 사게 됐습니다. 오늘 만나 뵙게 되어 뭐라도 드리고 싶어 고민하다가, 제가 꾼 그 꿈을 드리고 싶은 마음에 그때 산 로또를 갖고 왔습니다. 저의 기가 막힌 꿈을 선물로 드리겠습니다."

실질적으로 들어간 돈은 5천 원이지만, 아마도 5만 원 이상의 감동과 재미를 전해주고, 나는 그 이상의 효과를 볼 수 있는 선물이었다. 받은 사람은 나의 소중한 꿈을 전해받은 것으로 큰 감동도 받았다. 그리고 은근히 토요일에 있을 당첨 결과도 기다렸을 것이다.

선물이란 이렇게 주는 사람도 받는 사람도 부담이 없어야 하고, 들인 돈보다 효과를 크게 봐야 한다. 차 한 잔도 기본 4천 원 이상 하는 시대에 최소 1천 원부터 시작하는 로또로 만나는 사람들에게 재미와 감동을 선물해보자.

혹시라도 당첨될 수 있으니 로또 번호를 꼭 촬영하고 난 뒤에 줘야 한다는 걸 명심하자.

미팅 이후 연락하는 센스

미팅을 하고 나서 그날이 지나기 전에 꼭 연락을 하자. 오늘 만남에 대해서 받은 느낌이라든지, 2차 약속에 대한 일정을 확인시키는 메시지를 보낸다.

"오늘 귀한 시간 내주셔서 너무 감사했습니다. 생각보다 편하게 대해주셔서 좋은 상담 진행할 수 있었던 것 같습니다. 소개시켜주신 ○○님께서 왜 추천해주셨는지 알 것 같습니다. 다음 주 ○월 ○일 ○요일 ○시 ○○에서 2차 미팅 때 건강하게 뵙겠습니다."

미팅 이후에 연락이 오는 사람이 있고 연락이 오지 않는 사람이 있다. 당연히 연락이 오는 사람에게 한 번 더 마음이 가게 된다. 연락은 관심의 표현이다. 나를 한 번 더 생각했다는 것이기 때문이다. 잦은 연락은 부담될 수 있지만, 놓치지 않고 연락하는 건 호감과 신뢰를 높여주는 기회임을 잊지 말자.

신입들이 자주 놓치는 메모법

강의나 교육을 들을 때 신입을 포함해 수강생들이 범하는 대표적인 실수 두 가지가 있다. 첫 번째는 수업 내용을 이해하기보다 받아적기에만 집중하는 것이다. 두 번째는 더 치명적인데, 내용을 듣다가 자신이 중요하다고 생각하는 부분만 적는 것이다. 결론부터 말하면 강의에 집중해서 모든 내용을 배우려 노력해야 한다. 성공한 사람이 하는 말은 절대 한 마디도 놓쳐선 안 된다. 표정, 손동작 등 비언어적으로 전달하는 모든 것을 흡수하자. 강사의 말에는 그동안 쌓아온 노하우와 시행착오가 그대로 녹아 있다. 불필요한 말은 하지 않을 테고, 하는 말에는 반드시 그 이유가 있는 법이다. 그러니 이 부분은 좋고 이 부분은 별로라고 자신의 생각으로 메모를 해선 안 된다.

당연히 나중에 기억이 나지 않는 부분이 생길 것이다. 강의는 따로 전체를 녹음하자. 이것을 나중에 다시 들으면 현장에서 들었던 내용을 되새기는 복습 효과를 얻을 수 있을 것이다. 신입이라면 무조건 처음부터 끝까지 녹음하고 반복해서 듣자. 최소 3번 들어야 눈앞에서 1번 들은 것과 같다.

5년 뒤의 삶이 기대된다면
지금 제대로 가고 있는 것이다.

5년 뒤의 삶이 기대되지 않는다면
지금이라도 방향을 바꿔야 한다.

인생은 속도보다 방향이다.

05

일기를 통해 인생을 그려라

수많은 세일즈 스킬과 지식을 얻는 것보다 성공하기 위해 더 중요한 습관이 있다. 자필일기를 쓰는 것이다.

시작은 결국 생각이다. 자신의 생각을 정리하고 반성하고 멘탈을 잡는 것이 핵심이다. 올바른 생각이 올바른 행동으로 이어지고 건강한 기운이 건강한 계약으로 이어진다. 하루에도 수십 번 바뀌는 좋고 나쁜 생각들 속에서 자신은 원하는 방향으로 잘 가고 있는지 스스로와 대화해야 한다. 타인의 안부와 위로에는 정성을 들이면서 정작 자신에게는 시간과 정성을 쏟지 않는 경우가 많다. 24시간 중에 단 5분이라도 좋으니 자신에게 말을 걸어주자.

"오늘 하루 어땠니? 오늘 하루 어떤 일이 속상했니? 그럼에도 불구하고 오늘 감사했던 일들은 무엇이니?"

이런 질문에 대해 스스로에게 해주고 싶은 말을 적어보자. 시간이 흘러 지난 일기들을 보면 재밌는 사실을 발견할 수 있다. 그때 나를 괴롭힌 일들이 지금은 생각도 나지 않고 전부 잘 해결되어 있음을 발견한다. 이 또한 지나가리라. 지금 힘든 일도 시간이 지나면 잊혀지고 다 잘 해결될 일임을 명심하자. 자신을 아껴주고 다독여주자. 가슴이 뛰는 꿈의 일기도 써보자. 이루고 싶은 설레는 목표들을 매일 적으면서 달성할 날을 꿈꿔보자. 생각하고 행동하는 것보다, 생각하고 기록하고 행동하면 현실이 될 확률이 높아진다. 아무것도 기록하지 않는 자는 아무것도 기록할 것 없는 인생을 살게 된다. 아무도 없는 혼자만의 조용한 장소에서 꼭 자신과 대화하는 자필 일기를 써봐라. 자신의 인생을 위해서 단 5분도 쓰지 못하겠다면 인생이 바뀌길 바라지 마라.

나는 초등학교 때 잠들기 전 일기를 쓰곤 했다. "키를 크게 해주세요"라든지 "이성들로부터 인기 있게 해주세요" 같은 어린 시절 외모에 대해 바라던 내용들이었다. 물론 일기를 써서 키가 크거나 한 건 아니겠지만, 나는 183센티미터의 키에 어느 정도 매력 있는 외모를 가지게 됐다. 하지만 확실한 건 매일 일기를 쓴 덕분에 나는 내가 뭘 원하는지, 무슨 생각을 하는지 명확히 알 수 있었다는 것이다.

그러나 중·고등학생이 되면서 타이트한 학업 일과에 맞춰 살다 보니, 더 이상 일기를 쓰지 않게 되었다. 그 이후 장교로 군 복무를 할 때도 병사들에게는 매일 수양록을 작성하게끔 지도했는데, 정작 나는 쓰지 않았다. 어쩌면 그때만큼 뭔가를 간절히 원하는 마음이 없어서였는지도 모른다. 그렇게 내가 뭘 원하고 뭘 생각하는지도 모른 채 무의미하게 살았던 것 같다.

그러나 지금의 나는 그때와는 180도 다르다. 이제 더 이상 설렘 없이, 뭘 원하는지도 모른 채 삶을 무의미하게 보내지 않는다. 그리고 이건 14년 동안 단 하루도 거르지 않고 매일 자필 일기를 써온 덕이다. 즉 일기를 다시 적음으로써 내 인생은 바뀐 것이다. 그 계기는 나에게 새로운 목표를 만들어주었다.

2009년 여름, 비가 내리는 저녁 11시, 둘째 누나의 집 앞 주차장에서였다. 2009년 8월은 보험 세일즈를 시작하는 첫 달이었다. 첫 달은 영업을 시작하는 사람들에게 가장 어렵고 힘든 시기다. 왜냐하면 지인들을 찾아가 보험상품을 설명하고 가입시켜야 하기 때문이다.

다행히 둘째 매형이 내가 힘든 영업을 시작했으니 도와주겠다며, 가입할 테니 찾아오라고 해서 방문했다. 부모님은 내 직업에 반대하셔서 전역 후 집에 인사도 못 드리고 서울에 올라왔기에, 누나도 5개월 만에 처음 만난 날이었다. 누나는 상담하러 온 막내가 안쓰럽고 가여웠는지 상담 내내 말없이 계속 울기만 했다. 누나가 울자 나도 눈물이 흘러내릴 것 같아 어금니를 꽉 깨물어가며 준비해온 자료로 매형에게 열심히 프레젠테이션 했다. 그날 무슨 말을 했는지 기억이 잘 나지 않을 정도로 긴장했지만, 계약이 너무나 간절했기에 땀을 뻘뻘 흘리며 최선을 다했다. 어차피 매형이 도와주려고 했던 것이기에 계약은 어렵지 않게 할 수 있었다.

계약 후 저녁을 먹고 가라는 누나의 만류를 뿌리치고 8층 계단을 도망치듯 숨 가쁘게 뛰어 내려왔다. 누나와 매형 앞에서 만큼은 약한 모습을 보여주고 싶지 않은 나의 마지막 자존심 때문이었다. 비를 맞으며 도착한 차 안에서 참아온 눈물이 결국 터져버렸고 30분 정도 오열하며 펑펑 울었다. 그 눈물은 한없이 무너져버린 자존심과 앞으로 계속 이 일을 잘할 수 있을까 하는 두려움 때문이었던 것 같다.

한참이 지나 눈물을 그치고 난 뒤, 팀장님과 잠시 통화를 나누었다. 그리고 눈앞에 보인 건 상담 약속을 적기 위해 갖고 다니던 스케줄러였다. 그 순간 펜을 꺼내 나도 모르게 스케줄러 뒷장에 마음을 정리하는 일기를 쓰기 시작했다.

"형준아, 꼭 성공하자. 가장 소중한 가족을 고객으로 모시게 되었으니 이 일을 평생 하자. 이것만이 믿고 도와주신 것에 매형과 누나에게 보답하는 길이다."

A4 용지 한 장 분량의 일기를 거침없이 써 내려갔다. 스스로를 위로하고 앞으로의 다짐을 적기 시작하자 신기하게도 흥분됐던 마음이 가라앉았다. 초등학교 때 이후로 단 한 번도 찾지 않고 있었던 가슴속 또 다른 자아를 만나는 순간이었다.

그날 이후부터 매일 일과를 마치고 나서 마지막에는 일기를 쓰기 시작했다. 스케줄러 뒷면에 날짜와 요일, 시간을 적었다. 그렇게 일주일을 빠짐없이 쓰다 보니 자연스럽게 한 달을 쓰게 되었고, 한 달은 곧 세 달이 되고, 세 달은 일 년이 되었다. 이렇게 일기는 하루를 정리하고 마무리하는 습관이 되었다. 14년이 지난 지금은 일기를 쓰지 않으면 불안해서 잠에 들지 못할 정도까지 되었다.

일기의 주제는 매일 다르다. 그날 그 순간 느끼고 있는 생각과 감정을 그대로 적었고 속상한 일이 있거나 힘든 날은 스스로를 격려해주고 다독여주는 말을 가득 채웠다. 보통 날은 가볍게 목표와 다짐을 적으며 결의를 다졌고, 기쁘고 좋은 일이 있는 날은 즐거운 만큼 행복하고 신나게 적었다. 일기는 따로 양식 없이 자유롭게 적었다.

후배들에게 스케줄러의 뒷면에 자필 일기를 적으라고 알려줬더니, 몇몇 후배들은 월요일부터 일요일까지 요일별 칸을 만들고는 칸 안에 글자를 가득 채우는 데만 신경을 썼다. 일기를 쓰는 의도와는 다르게 과제로 변하고 말았다. 그래서 나중에는 아예 쓰지 않는 후배들도 생겼다. 일기 양식은 요일별 칸 구분 없이 그냥 빈 공란에 그날의 날짜, 요일, 시간을 적고 자유롭게 그 밑에 자신과 대화하는 일기를 쓰면 된다.

가끔 힘든 일이 있거나 스트레스를 받을 때면 작년이나 재작년의 오늘 날짜 일기를 찾아 읽는다. 과거의 그 순간 감정을 그대로 적었던 일기를 보면 재미도 있지만, 새삼 깨닫게 되는 것들이 있다. 특히 스트레스 받지 말고 살아야 한다는 것이다. 작년의 오늘도 재작년의 오늘도 분명 지금처럼 고민거리가 있었고 스트레스를 받았는데, 시간이 흘러 돌이켜보면 별일도 아니고 지금은 생각조차 하지 않아도 되는 일이었음을 확인하기 때문이다.

14년이 지난 지금은 매일 즐거운 꿈의 일기를 쓴다. 이렇게 매일 일기로 자신과 대화를 해나가면서 간절히 적었던 내용들이 결국 현실로 이루어지는 신비로운 경험을 하게 되었다. 그러다 보니 이제는 이루고 싶은 것이 있으면 일단 적고 나서 시작한다. 일기에 적은 대로 무조건 현실로 이루어지기 때문이다. 3년 만에 부모님께 현금 1억 용돈을 드리겠다거나, 33년의 인생을 담아 첫 책을 출간하겠다는 결심을 일기에 적으니 현실로 이룰 수 있었다. 말의 힘만큼이나 자필에도 힘이 있다. 이것은 수많은 경험을 통해 느낌이 아닌 사실이라고 확신한다.

일기를 쓰며 자신을 만나는 순간, 삶을 대하는 태도가 달라질 것이며 주변 사람을 대하는 태도의 변화까지 경험할 것이다. 이는 곧 인생의 주인공으로서 살아가게 되는 출발점이자 행복한 삶의 원천이 된다. 14년간 매일 자필일기를 쓴 경험자로 자신 있게 말한다. 제발 '나중에, 다음에'라는 변명 말고 바로 오늘부터 한 줄이라도 일기를 써보자. 올 거라고 믿고 있는 내일이 안 올 수도 있기 때문이다.

일기를 쓰기 위해서는
생각을 해야 한다.

SNS를 하기 위해서는
생각을 해야 한다.

고로 일기도 안 쓰고
SNS도 안 하면
생각을 아예 안 한다는 소리다.

둘 중에 하나는 반드시 하자.
사는 대로 생각하기 싫다면.

06

할까 말까
고민스러울 때는 하라

무슨 일이든 첫술에 배부를 수 없다. 반드시 계획한 대로 원하는 대로 될 수 없다. 이걸 실패라고 부르고 싶지는 않다. 안 돼서 포기하면 실패지만, 계속하면 실패해도 실패가 아니기 때문이다. 원하는 대로 안 됐을 땐 다시 도전하면 된다. 이때 중요한 건 안 된 이유에 대해서 명확하게 파악하는 것이다. 즉 복기를 해야 한다. 내가 두었던 수를 다시 돌아봄으로써 안 된 이유를 찾고 같은 실수를 반복하지 않아야 한다.

그래서 항상 피드백을 받아야 한다. 사람들이 음식점을 선택할 때 후기를 보고 판단하는 것처럼, 소통한 뒤에 그에 대한 피드백을 반드시 받아 잘한 점은 더 부각하고 안 된 점은 보완하고 수정해야 한다. 실행하고 피드백받고 수정하고 다시 실행하면 원하는 대로 이루지 못할 것이 없다. 실행이 빠르면 성장의 속도가 빨라지는 이유다. 인생과 세일즈의 성공은 시간에 마냥 비례하지 않는다. 같은 3년 차, 5년 차여도 그동안 보내온 시간 동안 어떤 유의미한 활동과 생산적인 일을 했는지, 그 밀도의 차이로 격차는 어마어마하게 벌어진다. 성공은 시간에 비례하지 않고 집중한 밀도에 비례한다는 사실을 명심하라.

사람들은 성공을 원한다. 분야는 다르지만 자신의 분야에서 인정받고 싶어 한다. 하지만 아쉽게도 성공하는 사람은 극히 일부다. 나는 14년 동안 다양한 분야에서 성공한 분들을 많이 만날 수 있었다. 그중에서도 자영업에서 성공한 분들의 공통점을 발견할 수 있었는데 그분들에게는 항상 귀인(사업적 파트너)이 있었다. 나 또한 귀인이 있었는데 스스로 먼저 예상하고 판단하지 않고 먼저 행동함으로써 성공할 수 있었다.

보험 세일즈를 시작한 지 4개월 차 때의 일이다. 그날은 토요일이었고 매주 3W(매주 3건 이상을 계약)를 하겠다는 스스로와의 약속을 지키기 위해 아침부터 지방으로 향했다. 약속에 변경 없는지 전날에 확인차 연락을 했는데 대답이 없어서 불안했지만 계약을 위해 출발했다. 혹시나 하는 마음에 전화를 했지만 역시나 받지 않았다. 그 당시에는 카카오톡이 없어서 문자 메시지로만 소통해야 했다. 그러니 보낸 메시지를 읽었는지조차 확인할 방법이 없었다.

약속장소에 도착한 지 3시간이 흘렀다. 불안한 예감은 현실이 되었다. 상대의 휴대폰이 꺼져있다는 안내멘트가 나왔다. 눈앞이 캄캄해지고 가슴이 뛰기 시작했다. 힘겹게 이어온 3W가 16주에서 끊어지는 상황이었기 때문이다. 하지만 이대로 포기할 수는 없었다. 3W가 끊기는 순간 나의 성공도 멀어질 것만 같았다. 시간을 보니 이미 어두워진 저녁 9시, 위치는 어딘지도 모르는 경기도 양평의 시골 외딴길이었다. 그동안 영업자료로 활용하던 맵북을 꺼냈다. 맵북에 정리한 전국 지도와 지역별로 거주하고 있는 사람들을 다시 살폈다.

양평에 누가 있는지 찾아보니 영업 초기라 딱 3명이 적혀 있었다. 그중 한 명은 잠수탄 사람이었고, 다른 한 명은 이미 고객이었고, 마지막 한 명은 함께 군 생활을 했던 장교 선배였다. 군 시절 별로 친하지 않아서 내가 보험을 선택하고 유일하게 알리지 않았던 선배였다. 왜냐면 좋아하지 않는 성향이라 불편해서 고객으로 만들고 싶지도 않았기 때문이다. 전역 후에도 단 한 번 연락한 적 없는 사이였다.

순간 오만가지 생각들로 머리가 터질 것 같았다. 이 사람에게 전화를 해야 하나 말아야 하나, 해야 하나 말아야 하나……. 20분간 고민하다가 이왕 양평에 온 거 목소리라도 들어보자는 마음으로 통화버튼을 눌렀다. 벨소리가 귀에 들려오는데 속마음은 제발 전화 받지 마라, 받지 마라 하는 마음이었다. 가슴이 콩닥콩닥 뛰니 터질 것만 같았다. 두려움과 민망함으로 제발 전화를 받지 않았으면 했다. 그 순간 선배가 전화를 받았다.

"충성! 선배님, 김형준입니다. 그동안 잘 지내셨습니까?"

나는 양평이 떠나갈 듯 우렁찬 목소리로 인사했다. 어색함을 무마시키기 위함도 있었지만, 전역 후 당당한 사회인으로서의 모습을 보여주고 싶어서였다.

여기서 기적 같은 선배의 첫마디가 수화기 너머 들려왔다.

"나중에 시간될 때 찾아와. 보험 하나 들어줄게."

너무 놀란 나머지 순간 5초 정도 적막이 흘렀고, 무슨 용기인지 모르겠지만 나도 모르게 생각을 거치지 않은 멘트가 날아가버렸다.

"선배님, 저 지금 양평이어서 전화드린 건데, 혹시 시간 되시면 나중에 말고 지금 찾아가도 되겠습니까?"

다행히 선배는 야간근무 중이라며 지금 찾아와도 상관없다고 했다. 그렇게 우연한 전화 한 통으로 기적같이 선배와 약속을 잡게 되었다.

약 8개월 만에 보는 선배와의 만남. 두려움 반 걱정 반으로 위병소를 통과했는데, 정말 신기하게도 선배를 만나고 보니 예전에 친했던 사람처럼 반가웠다. 그동안 살아온 이야기, 같이 있을 때 훈련 이야기 등 한 시간가량 정신없이 대화를 나눴다. 그러다 선배가 먼저 계약 이야기를 꺼냈다. 몇 달 전 중위에서 대위로 계급이 올라 여윳돈을 저축하려고 생각하던 차에 내 연락이 왔다는 것이다. 그 선배에게 보험 세일즈를 한다고 알리지 않았는데, 알려놨던 다른 사람이 말을 해줘서 내가 보험 세일즈를 시작했다는 걸 알고 있었다고 했다. 이래서 비즈니스의 시작은 무조건 휴대폰에 저장되어 있는 모든 사람에게 한 명도 빠짐없이 전부 알려야 하는 것이다.

그날 운명적 만남을 통해 세 건의 청약을 하게 되었고, 선배는 연락도 안 하던 사람에서 소중한 VVIP 고객님이 되었다. 이제는 고객과 관리자로서 연락할 명확한 명분이 있으니 친해질 수밖에 없는 사이가 된 셈이다. 그다음 주에 바로 찾아가 식사를 대접하면서 계약보다 더 중요한 소개를 요청했고, 선배로부터 소개받은 간부 한 명을 통해서만 10명 이상을 계약할 수 있었다.

내가 만약 그날 전화를 하지 않았더라면, 선배는 그분에게 연락한 다른 보험설계사에게 계약했을 것이다. 그리고 나는 10명을 계약하게 해준 최고의 간부는커녕 그 선배도 만나지 못했을 것이다. 전날에 약속 확인 연락이 되지 않았다고 현장으로 가지 않았더라면, 맵북을 만들어 그 지역에 사는 가망고객을 정리하지 않았더라면, 선배와 어색한 사이라서 연락하지 않았더라면, 그날부로 16주를 이어가던 3W도 끊겼을 것이다. 지금까지의 모든 일에서 스스로 결과를 지레짐작하고 행동으로 옮기지 않았더라면, 지금의 김형준은 존재하지 않았을지도 모른다.

많은 사람이 도전하기도 전에 고민만 하다 포기하는 경우가 많다. 현장에서는 매일 어떤 일이 벌어질지 아무도 모른다. 예상한 것과는 전혀 다른 일들이 시시각각 벌어지는 게 바로 현장이다. 그래서 중요한 건 늘 현장에서 움직이고 있어야 하고, 알고 있는 모든 사람에게 연락을 해야 한다. 일단 저지르고 보자. 이후에 벌어질 일에 대한 고민은 나중에 해도 된다.

명심하라, 모든 분야의 성공은 목표를 위해서라면 매일 매주 예단하지 않고 일단 행동하는 자들이 차지하는 열매라는 것을. 내가 지금 쉬는 동안 그 열매를 행동하는 자들에게 뺏기고 있다는 것을. 생각만 하고 아무런 행동을 하지 않는다면 아무런 일도 벌어지지 않는다는 것을.

당신이 진정으로 성공을 원하고 절박한 마음으로 실행한다면 내가 경험한 것처럼 귀인을 만날 기회가 올 것이다. 기회는 오직 현장에서 포기하지 않고 노력하는 자들에게만 찾아온다. 제발 생각하지 말고 행동하라.

갈까 말까 할 때는 가라.
할까 말까 할 때는 하라.

도전해서 결과가 나오면 좋고
실패해도 과정이 남는다.

너무 오래 생각하는 건 금물이다.
하지 않고 후회하는 것보다 낫다.

The Art of Conversation

CHAPTER 2

상대에게서 YES를 이끌어내는 기술

01

사람을 얻는 7단계 법칙

세일즈는 무작정 열심히 한다고 되는 게 아니다. 반드시 프로세스에 입각해서 체계적으로 진행해야 한다. 세일즈 프로세스는 총 7단계로 구성되어 있다. 고객 발굴, 전화 접근, 접근 면담, 해결책 제시, 계약 체결, 소개 확보, 고객 관리의 순서로 이루어진다. 이러한 세일즈 프로세스 7단계를 반복해야 한다. 고객마다 절차가 다르다면 균일한 퍼포먼스를 내기 어렵다. 또한 각 고객마다 발생한 문제를 발견하기도 쉬워진다. 예를 들어 3단계가 잘 진행되지 않는다면, 바로 전 단계인 2단계 전화 접근에 문제가 있는 것이다. 5단계 계약 체결까지는 진행이 되는데, 계속 만날 가망고객이 없다면 6단계인 소개 확보를 하지 않기 때문이다. 각 단계별로 완수해야 할 미션을 정확하게 인지하고 프로세스대로 진행하면 성과 수준이 올라갈 뿐만 아니라, 세일즈의 각 단계를 더 예리하게 다듬을 수도 있다.

인간관계도 마찬가지다. 세일즈 프로세스 7단계는 사람을 얻는 방법의 기본 원리다. 어떤 사람을 어떻게 만나 관계를 맺어야 할지부터 내가 원하는 것을 얻기 위해 어떻게 해야 할지에 대한 통찰을 얻을 수 있을 것이다.

① 고객 발굴(Prospecting)

세일즈의 시작은 지인시장에서부터다. 당신의 성공을 가장 바라는 사람들이기에 성공률이 높지만, 반드시 고갈된다는 한계가 있다. 기대했던 사람들이 계약을 하지 않아 실망하고 상처를 받기도 한다. 그럼에도 지인영업을 해야 하는 이유는 상담 연습을 통해서 실력을 평가받고 향상시킬 수 있기 때문이다. 상담 후에는 반드시 소개 확보를 통해 새로운 소개시장으로 넘어가야 한다. 지인영업이 어려운 이유는 개인적인 관계인 사람에게 비즈니스를 해야 하기 때문이지만, 소개시장으로 넘어가면 처음부터 비즈니스로 만난 것이기 때문에 부담될 게 없다. 경험상 어떤 지인이 인생을 바꿔줄지 모르기 때문에 친분과 상관없이 전부 알리고 만나야 한다. 현재의 직장위치나 만날 수 있는 장소를 지역별로 정리해 그 지역을 지나갈 때마다 연락해서 만난다.

지인을 포함해 가망고객이 최소 200명이 나와야 한다. 이보다 적다면 200명을 확보하는 것에 집중해야 한다. 그다음은 1차 미팅(접근 면담)을 진행할 수 있는 50명을 추리고, 그중에서도 계약할 확률이 높은 30명을 정한다. 매월마다 그달에 상담을 진행할 수 있는 핫 프로스펙팅 30명의 리스트를 뽑아야 한다.

개척을 통한 가망고객 발굴도 방법이다. 하지만 관심도 없고 흥미도 없는 사람들에게 전단지를 나눠주는 시대는 끝났다. 대신 찾아가면 늘 그 자리에 있어서 만날 수 있는 사람들에게는 추천한다. 단, 명함을 주는 것보다 그들의 명함을 받아와서 지속적으로 연락하고 팔로업 하는 게 더 효과적이다. 개척영업은 추천하지 않는다. 차라리 그 시간에 SNS를 통해서 가망고객을 발굴하는 데 집중하라. 오프라인에서 전단지를 나눠주지 말고 SNS의 전단지를 만들어라. 일하지 않더라도 자신을 홍보해주는 SNS의 키맨을 만들어라. 이제는 상품이 아니라 그 상품을 누가 파느냐가 더욱 중요해진 시대다.

② 전화 접근(Telephone Approach)

전화의 목적은 약속을 잡는 것이다. 과거에 SNS가 없던 시절에는 상대방의 얼굴이나 정보를 알 수 없었다. 지금은 대부분 카카오톡을 하기 때문에 전화를 하기 전에 상대방의 정보를 알 수 있다. 알고 하는 것과 모르고 하는 것의 차이는 크다. "지피지기면 백전불태"다. 무조건 확인한 뒤에 연락한다.

자기소개는 자신감과 열정 있는 목소리로 해야 한다. 알아낸 정보를 정리하고 약간의 릴렉스를 한 뒤에 간결하게 전화한 목적을 밝히고 약속을 잡아낸다. 웃으면서 전화하는 게 핵심이다. 반드시 스크립트를 보면서 전화해야 한다. 실시간 상대방의 거절에 대한 응대를 자연스럽게 해내기 위함이다. 전화를 잘하는 방법은 연습밖에 답이 없다.

③ 접근 면담(Approaching & Fact Finding)

처음 만나는 1차 미팅을 말한다. 첫인상은 중요하다. 시각과 음성적인 부분이 80% 이상 차지하므로 긍정적이고 전문가다운 외모와 태도로 대해야 한다. 아이스 브레이킹을 통해 어색함을 해소하고 칭찬을 해서 밝은 분위기를 만든다. 임팩트 있는 자기소개와 회사소개를 간단히 진행한 후에 질문을 통해 상대방의 신상과 심상 정보를 얻어낸다.

이후에는 2차 약속을 잡기 위해 니즈를 전달한다. 즉 계약을 하지 않았을 때 상대방에게 발생할 리스크를 알려주는 것이다. 헤어지기 전에 꼭 2차 약속을 잡아야 한다. 이때의 꿀팁은, 자신의 스케줄러를 꺼내서 상대방이 보게끔 앞에서 적는 것이다. 빼곡히 적힌 스케줄러에 일정을 적어놓고 바쁜 사람이라는 인상을 심어준다. 이를 통해 2차 약속에 대한 부담감과 책임감으로 약속이 깨질 확률을 줄일 수 있다.

④ 해결책 제시(Presentation)

1차 미팅 이후의 2차 미팅을 말한다. 1차 미팅에서의 불안감을 해소할 수 있는 해결책을 제시한다. 상대방이 중요한 선택을 해야 하는 만큼 음식점 등 산만한 장소는 피한다. 최소한의 상담시간도 확보하기 위해 사전에 상담시간을 알리고 시작한다. 식사를 했는지 유무도 파악해 상대방의 컨디션도 체크한다.

상대방의 눈을 보면서 확신을 갖고 말해야 하며 판매자의 시점이 아닌 고객의 관점에서 말해야 한다. 클로징할 상품에 대한 설명자료는 시각적으로 보기 편하게끔 간결하면서도 심플해야 한다. 어려운 용어가 아니라 쉬운 용어로 이해하기 쉽게 말해야 하며 논리와 감성을 번갈아 말함으로써 지루하지 않게 한다. 되도록 긍정적 언어를 사용하고 중요한 숫자는 미리 숙지해 전문가다운 모습을 어필한다.

⑤ 클로징(Closing)

세일즈는 클로징으로 귀결된다. 결국 계약을 하자고 제안해야 한다. 이를 위한 총 세 가지 방법이 있다. 첫 번째로, 의견 좁히기 전략이다. 중간중간마다 작은 의견들에 대해 하나씩 동의를 구하고 고객의 선택을 좁혀가는 방법이다.

"맞으시죠? 그렇게 생각하십니까?"

상대방이 계속 "YES"라는 대답을 하게 만들다가 마지막에 자연스럽게 YES로 답하도록 하는 방식이다.

두 번째는 암묵적 동의 시도하기다. 계약서에 상담한 내용을 동의 없이 그냥 적어보게 하는 것이다. 마치 계약하기로 한 것처럼 물 흐르듯 자연스럽게 적게 하는 방법이다. 만약 고객이 중지한다면 그때 설명이나 협의를 다시 시도한다.

마지막 세 번째는 양자택일 전략이다. 암묵적 동의 시도하기를 업그레이드한 버전으로, 계약은 당연히 하는 것이고 두 가지 선택지 중 하나를 선택하게 하는 방법이다. 굳이 "계약하시죠"라고 말하지 않고 능글맞게 클로징 하는 방법이다.

"납입일은 10일이나 20일 중 언제가 좋으세요?"

"아내(혹은 남편)분 계좌로 할까요, 아니면 고객님 계좌로 할까요?"

만약 상대방이 클로징 후에 거절하더라도 절대 논쟁하거나 공격해서는 안 된다. 이런 논쟁에서 이긴다고 해서 얻을 수 있는 건 없다. 상대의 말을 주의 깊게 경청해야 한다. 절대 조급해하지 말고 침착하게 자세를 가다듬고 질문을 이어나간다. 거절하는 고객의 반응도 예의주시한다. 만약 생각할 시간을 요청하면 반드시 마감기한 날짜를 정하고 헤어져야 한다.

⑥ 소개 확보(Get Referrals)

소개요청은 습관이다. 자신에게 상담 서비스를 받은 사람이라면 계약 유무와 상관없이 무조건 소개요청을 해서 가망고객을 발굴해야 한다. 그러지 않으면 만날 사람이 없어진다. 상담을 못

하면 소득이 없고 일을 그만두게 된다. 소개를 받지 못하는 이유는 소개를 요청하지 않았기 때문이다.

소개를 요청했을 때 적극적으로 해주는 고객은 40%, 절대 안 해주는 고객은 30%, 고민해보겠다는 고객은 30%다. 즉 소개 요청을 하면 받을 수 있는 확률은 최대 70%다. 소개를 요청하지 않으면 0%다.

요청 전에는 반드시 소개 요청지를 최소 30장 정도 준비한 뒤 소개를 받은 것처럼 보여주고 나서 시작한다. 소개를 적어주는 게 당신이 처음이 아닌 것처럼 불안해하지 않게 만들어야 한다. 소개요청 하는 방법과 소개받은 분에게 연락하는 방법은 '6장 소개를 이끌어내는 2분 스크립트'에서 상세히 다룬다.

⑦ 고객관리(Building Relationship)

실패한 세일즈맨은 고객으로 만든 순간 끝났다고 생각한다. 성공한 세일즈맨은 고객이 된 순간부터 시작이라고 생각한다. 시간이 지날수록 고객의 관심은 높아지고 이벤트가 생길 때마다 담당자를 찾기 마련이다. 반면에 담당자는 새로운 고객 발굴과 계약에만 급급하다 보니 기존 고객에게 소홀해지기 마련이다.

새로운 가망고객을 발굴하기 위해 노력하는 만큼 기존 고객

관리에 힘써야 한다. 지속적이고 정기적인 안부 연락이나 선물을 통해서 기존 고객을 등급별로 관리해야 한다. 자신을 믿고 응원해주는 진성고객 100명을 만들면 1차 안정권에 접어든 것이다. 반드시 100명 중에 최소 5명 이상의 키맨이 만들어진다. 100명에서 200명, 200명에서 300명을 달성하는 시간과 노력은 처음 0명에서 100명을 만들었을 때보다 더 빠르다.

고객이 300명이 되면 평생 세일즈를 할 수 있는 숫자다. 고객에게 3명씩만 소개요청을 해도 900명의 가망고객이 생기는 엄청난 숫자다. 처음 계약할 때의 초심을 잃지 말고 한 명 한 명의 소중한 고객을 평생 파트너로 생각하며 모시자.

성공하지 못하는 사람들이
가장 많이 하는 말
“시간이 없다.”
시간이 없다고 하니 돈도 없는 것이다.

우선순위가 뭔지 모르고
매 순간 정신없이 살면
결코 삶이 달라지지 않는다.

시간이 없는 게 아니라
계획이 없는 것이다.

02

성공의 생명수를 찾아라

연애도 상대가 있어야 할 수 있듯, 영업도 만날 사람이 있어야 가능하다. 영업의 출발은 지인에서부터다. 친분과는 상관없이 자신이 시작한 일을 모든 사람에게 알리는 게 핵심이다. 경험상 오히려 친했던 사람들에게 상처받을 확률이 더 높다. 왜냐하면 기대를 하기 때문이다. 휴대폰에 저장된 리스트를 전부 정리해서 한 명도 빠뜨리지 말고 안부연락을 하면서 근황을 파악한다. 이때 직장 위치 등 만날 수 있는 장소를 기록해두는 것이 중요하다. 그래야 나중에 그 지역에 갈 때나 지나갈 때 연락해서 만날 수 있다. 동시에 영업을 시작했다는 것도 알린다. 이때 지인들의 반응은 크게 세 부류로 나뉜다.

첫째는 적극적으로 관심을 갖고 도와주겠다는 긍정적 부류다. 둘째는 소극적이고 미적지근한 반응을 보이는 부류다. 셋째는 이런 연락에 부담을 느끼고 이후에 연락이 안 될 것 같은 부류다. 대부분은 둘째나 셋째 부류다. 그럼에도 불구하고, 예단하지 말고 모든 지인에게 알려야 한다. 그들 중 누가 나의 인생을 바꿔줄지는 아무도 모르기 때문이다.

1차 미팅을 진행할 수 있는, 약속을 잡아 만날 수 있는 50명 이상의 리스트(핫 프로스펙팅, Hot Prospecting)를 작성해야 한다. 영업의 시작은 여기에서부터 시작한다. 매월마다 그 달의 가망고객 리스트를 정리해서 업데이트 해야 한다.

나는 시기별로 단기, 중기, 장기로 나눠서 관리한다. 단기는 당장 이번 달(예를 들어 1월)에 미팅할 가망고객, 중기는 다음 달부터 총 3개월간(2~4월) 미팅하려고 하는 가망고객, 장기는 4개월(5월) 이후에 미팅하려고 하는 가망고객 리스트다.

이번 달에 고객을 만나지 못해 상담을 못하더라도 계속 자리를 지키고 있으면 언젠가는 상담을 진행할 수 있다. 단기에서 중기로, 단기에서 장기로, 중기에서 단기로, 중기에서 장기로, 장기에서 중기로, 장기에서 단기로……. 고객이 될 때까지 매일 업데이트 하며 관리해간다. 가망고객 리스트에서 지워지는 유일한 방법은 계약을 해서 고객 리스트로 넘어오는 것뿐이다. 끝까지 포기하지 말고 고객이 될 때까지 관리하자.

관리하는 방법은 정기적으로 연락을 하는 것이다. 단기는 이번 달의 가망고객이기 때문에 매일 전화나 연락을 통해 빨리 약속을 잡고, 중기는 3주 단위로 연락을, 장기는 6주 단위로 잊을 만하면 안부연락을 한다. 중기나 장기 가망고객들에게 연락할 때 중요한 포인트는 절대 단체문자를 보내선 안 된다는 점이다. 일일이 개별적인 연락을 해야 한다. 추천하는 내용은 근처 지역을 지나가다 생각나서 연락한다는, 목적이 없어 보이는 연락이 좋다. 경험상 믿음과 신뢰가 쌓이기까지 최소 6개월의 지속적인 연락이 필요하다.

소개를 받아 처음 연락했을 땐 상대의 반응도 좋지 않고 부담을 느꼈는지 약속이 잘 잡히지 않았다. 하지만 그 이후에 중기, 장기로 관리하면서 6개월 이상 꾸준하게 연락했더니 대답이 오거나 상담을 문의해오는 분들이 생기기 시작했다.

누구에게나 신뢰를 얻을 수 있는 방법은 시간을 투자해 꾸준하게 연락하는 방법뿐이다. 소개를 받아 새로운 가망고객을 발굴하게 되면 마음속으로 이렇게 다짐하자.

'정성과 노력을 들여서 반드시 3년 안에는 내 고객님으로 만들자.'

이러한 관리 시스템 덕분에 영업 3년 차가 되었을 땐 가망고객 리스트에만 330명 정도를 관리하게 되었다. 기존고객 250명과

합하면 총 580명이었다. 3년 차가 되자 연락해서 만날 사람이 없을 걱정은 하지 않게 되었다.

세일즈는 만날 사람이 있으면 행복하고 즐거운 직업이지만, 만날 사람이 없으면 불안하고 힘든 직업이다. 사람은 물 없이 살 수 없는 것처럼, 세일즈맨은 가망고객이 없으면 살 수가 없다. 그래서 나는 가망고객을 생명수라 부른다. 가망고객은 절대 없으면 안 되는 필수 불가결한 존재다. 그러므로 차근차근 절대 고갈되지 않도록 관리해야 한다.

귀인은 늘 그 자리에 있다.

만나지 못하는 이유는
연락하지 않기 때문이고
찾아가지 않기 때문이다.

귀인은 늘 기다리고 있다.

03

현장에
답이 있다

스케줄이 없으면 약속이 없고, 약속이 없으면 상담이 없고, 상담이 없으면 계약이 없고, 계약이 없으면 소득이 없다. 세일즈는 시트플랜(Sitplan, 약속)이 7할이다. 최소 2주치의 일정을 잡아놓고 늘 준비해야 한다. 이번 주와 다음 주 자신의 스케줄을 실시간으로 확인해 비어 있는 시간을 전부 약속으로 채워넣자. 스케줄이 없으면 불안해야 한다. 세일즈맨으로서 "오늘 내가 일을 했다"라고 말하는 것은 사람을 만나서 미팅했다는 말과 같다. 일찍 출근하고 늦게 퇴근하고 업무를 보고 전화를 한 것은 기본이지 일을 한 것이 아니다. 세일즈맨은 사람을 만나서 미팅하는 것이 일이다. 고민만 한 것을 일한 걸로 착각해선 안 된다.

미팅의 종류는 총 다섯 가지다

1차 미팅(초회면담, 정보수집), 2차 미팅(프레젠테이션, 클로징), 3차 미팅(재프레젠테이션, 재클로징), 소개요청 미팅, 얼찍미팅(지나가는 길에 15분 이내로 잠시 만나는, 얼굴만 찍는 미팅)이 있다. 가장 중요한 순서대로 말하면 1순위는 2차나 3차 미팅, 2순위는 1차 미팅, 3순위는 소개요청 미팅, 4순위는 얼찍미팅이다.

식사를 하는 건 비즈니스에서 매우 중요하다. 특히 한국 사람은 밥정에 약하다. 영업을 잘하는 사람들은 점심때부터 현장에 나가서 일을 한다.

나는 이에 관해 '10-10 법칙'을 만들고 실천했다. 오전 10시가 되면 지점을 나가고, 저녁 10시 전까지 5명을 만나지 않으면 퇴근하지 않는다. 점심은 무조건 고객님이나 가망고객과 약속을 잡지 못하면 이동 중에 혼자 먹었다. 같이 일하는 동료와 밥을 먹는 횟수가 많아질수록 일을 못하거나 그만둘 확률이 높다. 지점을 둘러보면 성과가 높은 사람은 보이지 않을 것이다. 이미 현장에 나가서 돈을 벌고 있기 때문이다.

고객 연령대가 직장을 다니는 30~40대라면 6시 이후인 저녁 시간에 무조건 1~3차 미팅 또는 소개요청 미팅을 잡아야 한다. 저녁 약속 전에는 스케줄이 잡힌 지역에 가는 길이나 근처에 있는 사람들에게 얼찍미팅을 한다. 가령 저녁에 대전에서 2차 미팅 약속을 잡았다면, 점심때부터 약속시간 전까지 충청남도, 충청북도에 있는 사람 4명과 얼찍미팅 하는 방식이다. 점심시간부터 저녁의 중요한 미팅 전까지 최소 4명의 얼찍미팅, 저녁식사를 하면서는 중요한 미팅을 진행하자. 매일 최소 3명 이상 만나지 않았다면 열심히 일한 게 아니다. 5명을 만나지 않으면 퇴근하지 않겠다는 마음으로 임하자.

40~50대 고객도 있다면 점심때부터 1~3차 미팅을 진행할 수 있으니 하루에 점심과 저녁, 총 두 번의 중요한 미팅을 진행할 수 있다. 미팅을 할 때 중요한 포인트는 명확한 목표를 갖고 임무를 완수해야 한다는 점이다. 오늘 미팅의 목적이 1차 미팅인지, 2차 미팅인지, 아니면 소개요청 미팅인지, 전해야 하는 메시지를 미팅 목적에 맞게끔 전부 전달해야 한다. 하고 싶은 말을 전부 하고 와야지 눈치만 보고 우물쭈물해선 안 된다. 해야 할 말을 다하지 못해 돌아와서 후회가 남아서도 안 된다. 세일즈로 성공하고 싶다면 반드시 명심하라. 답은 현장에 있다. 지점 책상에 있는 게 아니다.

공부를 잘하고 싶으면
엉덩이가 무거워야 하고,

영업을 잘하고 싶다면
발이 가벼워야 한다.

답은 항상 현장에 있다.
성실한 사람이 성공한다.

04

당일 약속을 잡을 수 있는 한 마디 멘트

사람들은 전화해서 약속을 잡으려고 하면 바쁜 척하거나 약속을 잡아놓고 전날이나 당일 취소하기 일쑤다. 그래서 대부분의 세일즈맨들은 당장 만날 사람이 없어서 힘들어하는 게 현실이다.

사람들이 만남을 꺼리는 이유는 만나면 계약을 해야 할 것 같은 부담감 때문이다. 이렇게 피하는 사람들이 많아 영업 초반에 지인 또는 소개를 받은 사람들에게 전화를 하면 을의 입장에서 부탁하는 식으로 전화해야만 한다.

나는 수많은 시행착오 끝에 약속이 잡힐 수밖에 없는 특급 전화멘트를 개발했다. 아주 우연한 계기를 통해서였다.

한번은 최전방 부대에서 복무하고 있는 직업군인을 만나기 위해 강원도 인제에 간 적이 있다. 서울에서 2시간 걸려 힘들게 갔는데, 막상 도착할 때가 되어 전화를 해보니 받질 않았다. 조금씩 불안해지기 시작했다. 서울에서 멀리까지 힘들게 왔는데 가망고객을 만나지 못할 생각을 하니 갑갑해졌다. 혹시나는 역시나였고 전화를 해보니 이미 휴대폰 전원도 꺼져 있었다. 산골짜기를 넘어가며 힘들게 달려간 노력이 한순간에 물거품이 되어 버린 순간이었다.

너무 억울하고 분해서 그냥 이대로 돌아갈 수가 없었다. 항상 영업현장으로 나갈 때 갖고 다닌 맵북을 꺼내 강원도 인제 근처인 양구, 화천, 철원, 고성에서 만날 수 있는 사람들에게 한 명씩 전화를 걸었다. "여보세요?"라는 상대방의 목소리가 들리자마자 이렇게 크게 말했다.

"○○아, 선배 목소리가 가깝게 들리지 않니?"

실제론 절박하고 초조했지만 여유 있고 힘찬 목소리로 말했다.

"어? 선배님 철원에 오셨습니까?"

"어. 선배가 오늘 화천에 상담이 있어서 와있거든. 다름이 아니라 지금 네가 있는 부대랑 가까워서 온 김에 안부차 전화해봤어. 서울에서 여기까지 2시간이나 걸려서 힘들게 왔는데 너를 안 보고 갈 순 없잖니.

많이 바쁘지? 선배도 많이 바쁘단다. 10분 정도만 보자. 그리고 선배가 너한테 줄 것도 있어. 17시 이후에 가능하니?"

나를 거절할 이유들을 내가 미리 선(先) 거절한 것이다. 대부분 바쁘다는 핑계로 만남을 거부하기 때문에 부담 없이 만날 10분이라는 시간을 제시했다. 또 사람의 심리상 뭔가를 준다고 하면 궁금하고 받고 싶은 마음도 들기 마련이다.

정말 기적같이 당일 약속을 잡아 실제 만남으로까지 이어졌다. 처음엔 10분 보자고 했지만 막상 만나니 한 시간 이상 이야기를 나눌 수 있었다. 이미 근처에 와있는 척을 하니 쉽게 거절하지 못하고 잠깐이라도 시간을 내준 것이다.

그날 예정에 없던 약속을 잡아 후배를 만나고 계약까지 하게 되면서, 약속이 없는 날에도 불안해하지 않고 당일 약속을 잡을 때 이 멘트를 활용하게 되었다.

그것을 우연한 행운으로만 넘기지 않았다. 그 뒤로는 이렇게 약속이 잡힌 지역으로 출발을 하면서 그 지역 근처에 있는 사람들에게도 만나자고 전화를 했다. 만약에 이렇게 전화를 했는데 약속이 잡히지 않더라도 내 입장에서는 전혀 손해 볼 게 없다. 왜냐면 실제로 그 지역까지 갔는데 바람을 맞은 것도 아니다. 또한 근처에 왔는데도 불구하고 만나주지 않았다는 미안함으로 다음에 연락했을 때 약속이 잡힐 확률은 올라가게 되기 때문이다.

내가 쏟은 노력이 물거품 되고 마는 것을 볼 수 없다는 절박함이 나를 더욱 성장시켰다. 마치 실수로 만들어진 아이디어가 대박 상품으로 다시 태어난 것처럼, 급한 상황에서 연락했을 때의 멘트가 이제 나만의 세일즈 스킬이 된 것이다.

당신이 전화했을 땐
약속이 안 잡혔는데
다른 사람이 하면 잡힙니다.

당신이 1차 상담 했을 땐
2차 약속이 안 잡혔는데
다른 사람이 하면 잡힙니다.

당신이 2차 상담 했을 땐
계약성사가 안 됐는데
다른 사람이 하면 계약합니다.

당신이 소개요청 했을 땐
소개를 안 시켜줬는데
다른 사람이 하면 해줍니다.

고객은 잘못이 없습니다.
누구의 잘못일까요?

05

나의 제안을 매력적으로 만드는 기술

그림을 그려줘라

사람이 미래를 향해 살아갈 힘은 바로 희망에서 나온다. 살아있는 한 희망은 누구나 가질 수 있고 기댈 수 있다. 미래를 꿈꿀 수 있게 하는 것이 중요하다. 이것은 세일즈에서도 마찬가지다.

상대방이 나의 제안을 승낙했을 때 갖게 될 긍정적 효과를 말이 아니라 상상할 수 있게 해주자. 나는 연금보험을 제안할 때 나중에 매월 받을 수 있는 연금 수령액에 집중해서 말하지 않았다. 숫자를 강조하면 사람은 이성적으로만 판단해 계속 숫자에만 집착하고 계산한다. 숫자 대신, 매월 남편 모르게 받을 평생 비상

자금, 매월 부모님께 드릴 수 있는 평생 효도자금, 6개월에 한 번씩 나 자신에게 선물을 줄 수 있는 평생 선물자금. 이렇게 고객이 누릴 수 있는 혜택을 상상하게끔 그려줬다. 이성이 아닌 감성을 자극한 것이다.

자녀를 위한 보험 가입을 제안할 때도 미리 준비한 자녀분의 사진을 출력해서 제안서 앞을 장식하고 사진에 멘트도 적었다.

"아버지, 어머니 저를 위해 미리 준비해주셔서 너무 감사합니다. 사랑해요."

감사하다고 하는 자식의 얼굴을 보고 돈을 아낄 부모는 없다. 나중에 자녀의 대학교 학자금, 당신의 꿈인 피아노 학원 창업자금 등 제안을 승낙했을 때 얻을 수 있는 혜택을 사진으로 만들어 보여줬다.

사람은 누구나 미래에 대한 기대감과 불안감이 있다. 설득에 힘을 얻고 싶다면 미래에 대한 희망을 선물해줘서 불안감을 없애줘야 한다. 그 설렘은 숫자보다 강력하기에 상대방이 받을 혜택을 눈앞에 보여줘라.

멘트로 집중시켜라

아무리 좋은 강의도 시간이 길어지면 집중력이 떨어진다. 사람은 집중할 수 있는 한계가 있기 때문이다. 그럴 때 멘트 하나로 떨어진 집중력을 되살릴 수 있다.

"자, 지금부터가 오늘 강의의 진짜 핵심입니다. 5분이면 되니 마지막으로 잘 들어주세요."
"지금까지 들으신 것은 전부 모르셔도 됩니다. 지금부터 알려드리는 것만 알고 가시면 됩니다."

전하고자 하는 메시지가 너무 많으면 받아들이기 힘들다. 핵심을 짧은 시간에 요약 정리해줌으로써 전하고자 한 메시지를 상대방의 머릿속에 심어줘야 한다. 반대로 상담을 시작하기 전에도 활용할 수 있다.

"오늘 제가 말씀드리는 내용은 어디에서도 알려드리지 않은 내용입니다."
"제가 태어나서 오늘 처음으로 공개하는 내용이니 집중해서 들어주시기 바랍니다. 준비되셨나요?"

이렇게 말하면 사람들의 기대심리가 올라가게 된다. 전하고자 하는 메시지에 대한 깔끔한 정리나 평범하고 무난한 내용이 아닌 특별해 보이는 멘트로 제안에 품격을 더하라. 이 멘트를 하고 안 하고의 차이는 하늘과 땅 차이이다.

급하게 만들어라

사람들은 급하지 않다. 필요하더라도 당장 필요한 게 아니라면 본능적으로 선택을 나중으로 미루려는 습성이 있다. 그래서 반드시 한정, 희소성, 마감을 강조해야 한다. 가장 좋은 예가 바로 홈쇼핑 방송이다.

방송을 보면 쇼호스트들은 '마감 임박'이라는 단어를 강조한다. 최고의 혜택을 받을 수 있는 건 방송을 하는 지금뿐이라는 걸 강조한다. 지금 이 시간에만 가능한 가격이라는 점도 강조한다. 사람들의 느슨한 마음에 불을 지피는 효과를 불러올 수 있다. 방송종료 시간이 점점 줄어드는 것도 보여준다. 오늘 선택했을 때 받을 수 있는 혜택은 더하고 선택을 하지 않으면 받게 될 손실과 불이익에 대해서는 거듭 강조한다. 결국 설득에 넘어간 사람들은 합리화를 시작한다. '언젠가 살 거라면 지금 사지 뭐. 사두면 나중에 쓸 일이 있겠지'라고 생각하게 된다. 보지 않았으면 구매하지 않았을 상품을 구매하게 된 것이다.

나도 항상 이 기법을 활용했다.

"사람들이 인생을 살면서 보험 때문에 총 세 번 후회한다고 합니다. 첫 번째는 다치기 전에 '건강했을 때 미리 가입할걸.' 두 번째는 다치고 나서 보험 혜택을 받으며 '가입할 때 좀 더 큰 금액으로 보장받게 가입할걸.' 마지막 세 번째는 회복하고 나서 '젊었을 때 하루라도 더 빨리 가입할걸.' 어차피 반드시 가입해야 할 보험이라면 지금 이 순간이 가장 좋은 시기입니다. 실패하는 사람들이 가장 즐겨하는 말이 있습니다. 바로 '나·다·걸'입니다. '나중에' '다음에' 하며 미루다가 결국 '그때 할걸' 하며 후회하는 거지요. 인생은 무한하지 않습니다. 세 번 후회하지 마세요."

나중으로 미루려는 망설임을 없애주는 멘트로 상대방의 선택을 앞당겨라.

불안함을 선물하라

사람들이 선택을 미루는 이유는 관심이 없거나 필요하지 않기 때문이다. 이럴 땐 니즈 환기를 시켜서 없는 관심과 필요성이 생기게끔 만들어야 한다. 가장 좋은 건 겁을 주는 것이다. 안정되어 있는 마음에 불안함을 선물해, 나의 제안을 선택하지 않음으로 인해 발생할 일들에 대해서 부정적 미래를 그려줘야 한다. 영상을 보여줘서 생생하게 전달하는 것도 좋고 상상할 수 있도록 말로 설명해도 좋다.

나는 초급 직업군인을 상담할 때가 많았다. 이제 막 돈을 벌기 시작해 대부분은 경제관념이 확립되지 않은 것이 특징이며, 그러다 보니 돈을 모으는 것보단 소비하는 데 급급한 사회초년생들이었다. 짧게는 2년에서 길게는 5년 동안 안정적인 소득이 발생하기 때문에, 나는 재테크 첫 단추의 중요성에 대해서 강조했다. 군 생활 동안 실제로 경험한 나의 재테크 결과도 솔직하게 보여주고, 비슷한 직군의 실제 고객 사례들로 공감대를 형성했다. 저축은 잘했지만 보험을 준비 안 해서 목돈이 깨진 사례, 같은 기간 동안 같은 돈을 벌었는데 재테크 방법 차이로 자산 수준이 현저하게 벌어진 사례 등 실제 사례들을 적나라하게 설명했다. 그러면 별생각 없던 사람도 미래에 대한 불안과 두려움을 갖게 된다. 처음 만났을 때는 의자에 드러눕다시피 한 자세로 있던 사람이 상담을 진행할수록 나를 향해 앞쪽으로 가까이 다가와서 내 이야기를 귀 기울여 들었다.

기존에 가입한 상품들에 대해서는 왜 가입했는지, 얼마나 알고 가입했는지 물어보는 것도 고객을 긴장하게 만드는 요소 중

하나다. 이때 주의할 점은 무조건 잘못 가입했다거나 실수했다고 비난해선 안 된다. 사람들의 심리를 알고 불안함을 선물한다면 고객의 선택에 도움을 줄 수 있다.

도로 위 순간의 대처는
생사를 결정한다.

클로징 순간의 한마디는
계약을 결정한다.

일상에서 매 순간의 선택은
미래를 결정한다.

06

소개를 이끌어내는 2분 스크립트

계약만큼 중요한 건 가망고객을 소개받아 시장을 확보하는 것이다. 지인영업을 하는 이유도 새로운 시장으로 가기 위한 첫 번째 과정이기 때문이다. 하지만 현장에서 소개를 받기는 대단히 힘들다. 계약을 한 고객들조차 소개는 부담스러워한다. 그럼 소개를 잘 받기 위해선 어떻게 해야 할까?

크게 두 가지 방법이 있다. 첫째로, 만약 배우 조인성이 상담을 하러 왔다고 상상해보자. 여성분이라면 계약을 안 하겠는가? 가수 수지가 상담을 하러 왔다고 상상해보자. 남자라면 계약을 안 할 수 있을까? 그들이 소개요청을 한다면 소개도 당연히 해주지 않을까? 오히려 지인들에게 떳떳하고 자랑스럽게 이 세일즈맨을 소개해주겠다고 하지 않을까? 나 덕분에 이런 사람을 만나는 거라고 하지 않을까? 이렇게 만들기 위해선 고객님들이 '나'라는 세일즈맨을 좋아하게 만들어야 한다. 다른 지인들에게 당당히 소개를 해주면서 오히려 자랑하고 싶을 만큼 멋진 사람으로 인식하게 해야 한다.

둘째로, 맛집에 갔다고 생각해보자. 아주 맛있는 음식을 먹으면 가장 먼저 누가 생각나는가? 누구나 사랑하는 가족, 애인, 소중한 지인이 생각나기 마련이다. 맛있는 음식을 먹으면 가장 아끼는 사람들에게 추천해주고 싶은 것처럼, 만족스러운 상담은 반드시 자연스러운 소개로 이어진다. 고객이 그의 가족을 소개해줬다면, 당신의 상담이 정말 만족스러웠다는 것을 증명하는 셈이다.

두 가지를 명심하자. 소개를 받기 위해서는 고객이 관리자를 좋아하게 만들어야 하고, 상담이 만족스러워야 한다.

소개는 대단히 중요하므로 소개를 요청하는 상황과 소개받은 가망고객에게 연락하는 상황에 대한 구체적인 스크립트 예시를 수록하니, 꼭 독자분들이 자기 영역에서 활용해보시길 권한다.

스크립트 1 소개를 요청할 때

관리자 ○○○님, 오늘 저를 통해서 상품을 준비하게 되셨는데 저한테 도움을 주신 것 같으신가요, 아니면 저한테 도움을 받으신 것 같으신가요?

고객 네, 도움을 받았습니다. 감사합니다.

관리자 도움이 되어드렸다니 제가 감사합니다. 그럼 이번에는 저 좀 도와주세요. (소개 양식지를 보여주면서) 이게 뭐냐면요, 우리가 어떻게 만나게 됐죠? □□□님 소개로 만나게 됐죠?

고객 네.

관리자 저는 절대 모르는 분을 상담하지 않습니다. 항상 믿음과 신뢰로 저한테 상담을 받으신 분들께 ○○○님처럼 매너 좋은 분들만 소개를 받아서 상담을 진행하고 있습니다. (소개 양식지를 보여주면서) 이건 실제로 상담받으신 분들한테 설문을 받고 밑에는 소개를 받은 겁니다. (소개 양식지를 한 장 한 장 넘기면서 보여준다. 최소 30장 이상 세팅되어 있어야 한다.)

(상대방을 소개시켜준 고객의 소개 양식지에 상대방의 이름이 적혀 있는 걸 보여준다.)

관리자 여기에 □□□님이 우리 ○○○님을 소개시켜 준 게 적혀 있네요. 이날도 제가 □□□님한테 상담이 끝나고 나서 주변에 만나볼 수 있는 가장 성격 좋고 예의 바른 분 소개요청을 드렸을 때 적어주셨거든요. 처음에는 □□□님도 소개시켜줄 사람이 없다고 하셨어요. 만약에 □□□님께서 그날 ○○○님을 적어주지 않았더라면 오늘 저의 도움을 못 받으셨겠네요.

제가 갑자기 소개요청을 해서 누구를 소개시켜 주실지 막막하고 어려우시죠? 지금부터 제가 알려드리는 대로만 하시면 됩니다.

휴대폰을 꺼내주시고 알고 계신 지인분 중에서 ○○○님처럼 성격 좋고 예의가 바른 분을 적어주시면 됩니다. 저는 당장 계약할 사람을 원하는 게 아닙니다. 저는 이 일을 오래할 것이기 때문에 좋은 분, 예의 바른 분을 알고 지내고 싶어요. 제가 꾸준히 정보와 연락을 드리면서 알고 지내다가 그분이 제가 필요할 때 그때 도움을 드리면 되니까요.

소개해주시는 분들께도 딱 두 가지만 미리 전달해주세요. 첫째로 제발 계약에 대한 부담 갖지 말아달라고 해주세요. 둘째로 제가 이제 ○○○님의 관리자인데 그분한테 전화드렸을 때 “누구야, 당신?”(무시하는 말투) 이런 식으로 보이스피싱 같은 대접을 받으면 ○○○님도 기분 좋으시겠어요? 아니시죠? “내 관리자인데 금융 쪽으로 알아두면 좋은 사람이니 알아둬서 나쁠 것 없어. 나를 봐서라도 연락이 가면 예의 있게만 받아줘”라고만 말씀해주시면 제가 알아서 하겠습니다.

(카톡 친구목록에서 찾게 한다. ㄱ~ㅎ까지 시간을 갖고 천천히 내리게 한다. 원하는 성별, 나이, 지역, 직업군을 요청해서 받는다. 고객님은 찾게 하고 소개 양식지에 적는 건 자신이 적어도 된다. 일단 가장 중요한 소개자의 이름과 연락처만 받는다. 소개를 요청할 때는 고객과 1시간 이상의 상담을 마친 상황이라 대부분 지쳐 있으므로 빠르게 진행하는 것이 중요하다.)

관리자 일단 이름하고 연락처만 말씀해주세요.

고객 △△△, 010-0000-0000.

관리자 (고객이 이야기하면) 두 명만 더 알려주세요. 이렇게 좋으신 분인데 주변에 좋은 분들이 없을리가요. 빨리 마치고 식사하러 가시죠. (소개가 나올 때마다 칭찬을 계속 해줘야 한다.)

(통상 3명은 받아야 그 달에 한 사람 만날 수 있을까 말까라

고 생각하면 된다. 세 사람 소개가 나오면 한 사람 한 사람에 대해 간단한 신상, 특히 성별·나이·결혼유무·지역·직장·특이사항을 물어보고 적는다.)

관리자 요즘같이 개인정보가 민감한 시대에 저를 믿고 이렇게 귀한 분들을 세 분이나 소개시켜 주셔서 정말 감사드립니다. 저는 항상 월요일하고 목요일에 이렇게 귀한 분들 연락드리는 시간이 따로 있습니다. 오늘이 화요일이니 이틀 뒤인 목요일 날 믿고 전화드리겠습니다. 그전까지 아까 말씀드렸던 두 가지만 지인분들에게 미리 말씀해주세요. 첫 번째는 계약에 대한 부담 갖지 말아달라, 두 번째는 금융 쪽으로 알아두면 도움되는 사람이니까 연락이 가면 나를 봐서라도 예의 있게만 받아달라고 해주세요. 이렇게만 해주시면 제가 알아서 하겠습니다. 오늘 소개시켜 주셔서 정말 감사드립니다.

(목요일이 되면 소개해준 분께서 연락을 했는지 확인하지 말고, 바로 소개받은 분들에게 연락한다.)

스크립트 2 소개받은 분에게 전화할 때

관리자 안녕하세요, △△△님이신가요?

가망고객 네, 누구시죠?

관리자 안녕하세요. 저는 ×××입니다. ○○○님의 소개로 전화드렸습니다. 혹시 ○○○님으로부터 제가 전화드릴 거라고 연락받으셨나요?

가망고객 네, 받았어요. (혹은 "아니요, 못 들었는데요.")

관리자 아~ 그러셨군요. (미리 전화 연락이 없었더라도 당황하면 안 된다. 최대한 자연스럽고 능청스럽게) ○○○님께서 먼저 이야기를 해주신다고 했는데, 요새 일이 바쁘셔서 깜빡하셨나 보네요. 일단 통화가 되었으니 1분이면 되니까 잠시 통화하시고, 이따가 끊고 나서 ○○○님한테 저에 대해서 물어보세요.

가망고객 네.

관리자 감사합니다. 다름이 아니고 얼마 전에 제가 ○○○님을 만나 뵙고 서비스를 도와드렸어요. 너무 만족해하셔서 가장 소중하게 생각하는 분을 소개해달라고 요청드렸더니 △△△님을 가장 먼저 소개해주시고 △△△님께도 꼭 도움을 주라고 말씀해주셔서 이렇게 연락드리게 되었습니다.

가망고객 네.

관리자 물론 소개해주신 ○○○님이 제 고객님이라고 해서 △△△님도 반드시 계약을 해야 되는 건 아니니까 절대 부담 가지실 필요는 없고요. 판단하시는 데 잠깐의 시간이면 됩니다. 차 한잔 마실 수 있는 30분 정도면 되거든요. 혹시 다음 주 수요일 오후나 목요일 오전 중에 언제가 편하실까요?

가망고객 목요일 오전이요.

관리자 장소는 ○○가 편하실까요?

가망고객 네.

관리자 네, 감사합니다. 제 스케줄에 메모를 해놓겠습니다. 메모 좀 부탁드려도 될까요? 다음 주 목요일이면 ○월 ○

○일이군요. 제 이름은 ×××입니다. 꼭 스케줄에 반영 해주시고요. 저를 만나보시면 큰 도움이 되실 겁니다.

가망고객 네.

관리자 감사합니다. 다음 주에 방문드리기 전에 확인 전화 드리고 정확한 시간에 방문드리도록 하겠습니다. 그러면 다음 주 목요일 ○시 ○○에서 만나 뵐 것을 즐거운 마음으로 기다리겠습니다. 통화 종료 후 카톡으로 제 명함 보내드리도록 하겠습니다. 소개해주신 ○○○님께도 저에 대해서 확인 전화해보시고요. 남은 시간 좋은 하루 보내세요.

(통화 종료 후 소개해준 ○○○님께 바로 연락을 해서 △△△님과 통화를 했다고 말하고, 연락이 오면 말씀을 잘 부탁한다고 재요청한다.)

유선상에서도 에너지가 존재한다. 밝고 활기찬 기운이 흘러야 고객에게서 긍정의 대답이 나올 확률이 높다. 부정적인 단어는 사용해선 안 된다. 전화로 상담하는 텔레마케터와 통화를 하면 알 수 있듯 목소리는 하이톤이어야 한다. 유선상으로 통화할 때는 상대방의 톤이 세 단계 다운되어 들리기 때문에 평소처럼 말하면 상대방 입장에서 기분이 안 좋게 들릴 수 있다. 3단계 높여서 말해야 평상시 목소리처럼 들리는 것이다.

말하는 속도는 평소보다 1.5배 빠르게 하며, 상대방의 대답을 들어가면서 말하고 혼자만 계속 말해선 안 된다. 티키타카가 이루어져야 한다. 전화 스크립트(대본)을 반드시 보면서 해야 한다. 대본 없이 전화를 하면 놓치는 부분도 반드시 발생하고, 거절에 대해서도 신속하게 대처하기 힘들다.

또한 전화를 하기 전에는 녹음 기능을 활용해서 전화상에서의 내 목소리, 발성, 발음, 내용 등을 고객의 입장에서 냉정하게 판단해봐야 한다.

앞으로의 시장은
무엇을 어떻게 파느냐가 아니라
누가 무엇을 파느냐의 시대다.

고객은 더 이상 바보가 아니다.
상품이 아닌 나 자신을 팔아라.

07

전국 단위 고객관리, 맵북 시스템

세일즈의 핵심은 상대방의 마음을 얻어야 한다는 점이다. 마음을 얻기 위해선 상대에게 관심이 있음을 표현해야 하고, 서로 공감대가 형성되어야 한다. "지피지기면 백전불태"이라는 말처럼 상대를 알아야 한다.

과거에는 소개를 시켜주는 주선자를 통해서 소개받은 분에 대한 정보를 최대한 알아내는 방법밖에 없었다. 이제는 SNS 시대이기 때문에 마음만 먹으면 나이, 학력, 지역, 직업, 결혼유무, 자녀유무, 특이사항 등 모든 정보를 알아낼 수 있다. 좋아하는 음식, 즐겨하는 취미, 가까운 지인들에 대한 이름 등 웬만한 정보를 얻을 수 있게 되었다. 정보를 많이 안다는 것은 질문할 거리가 많다는 것이고 당연히 할 이야기도 많아진다. 사람은 나에게 관심 있는 사람에게 마음을 열게 되어 있다. 철저한 사전 준비를 통해 상대방에 대해 조사를 해야 하는 이유다.

한번은 직업 군인들을 5 대 1로 상담하게 된 사례가 있었다. 그때 나는 고객의 얼굴과 이름을 매칭해서 외웠고, 소개자를 통해서 연애유무, 군 장기복무 희망 여부, 고향, 가족관계, 취미 등을 파악했다. 이름만 들어도 그 사람에 대해 술술술 한 번에 말할 수 있을 정도로 외웠다.

드디어 상담을 하게 된 날, 1명도 아닌 5명을 한 번에 만났지만 자신이 있었다. 상대가 자기 이름을 말하기도 전에 "○○님 맞죠? □□에 살고. 1년 교제 중인 여자친구랑은 잘 지내고 있어요?"라고 질문하자 모두가 놀랐다. 게임을 시작하기도 전에 이미 이겨놓고 시작하는 것이다.

명심하라, 사람은 누구나 자신을 기억해주는 사람에게 가볍게 마음을 열어준다는 것을.

세일즈에서 사람에 대한 정보를 알아야 하는 건 기본이다. 하지만 메모를 해놓지 않으면 그 많은 사람을 일일이 기억하기 힘들다. 만약 오랜만에 만난 사람일지라도 이름과 나이, 기본적인 신상, 마지막의 대화 내용을 잊지 않고 기억해준다면 상대가 감동받지 않을까? 신뢰는 아주 작고 사소한 것에서부터 시작하는 법이다.

나는 인맥 관리를 위한 '맵북'을 만들어 현장에서 영업을 하는 동안 1천 명이 넘는 사람들을 관리하는 데 활용했다. 이 맵북이 나를 대한민국에서 상위 1%로 만들어준 거라고 해도 과언이 아니다.

맵북은 하루에 최대한 많은 사람을 만나야 하는 세일즈맨에게 꼭 필요하다. 약속이 깨져서 갈팡질팡하다가 맵북을 통해 근처 양평에 있는 선배에게 연락하면서 예상치 못한 계약을 하게 되었던 사례처럼, 그날 만약에 맵북이 없었거나 그 선배를 맵북에 적어놓지 않았다면 행운의 기회는 찾아오지 않았을 것이다.

맵북은 크게 '지역란'과 '이름란'으로 구성된다.

지역란에는 서울, 경기도, 강원도, 충청도, 전라도, 경상도 등 전국을 지역별로 나누고 세부 구역별로 번호를 매긴다. 해당 구역 번호 페이지에 이름을 적는 공간이 있다.

지역란

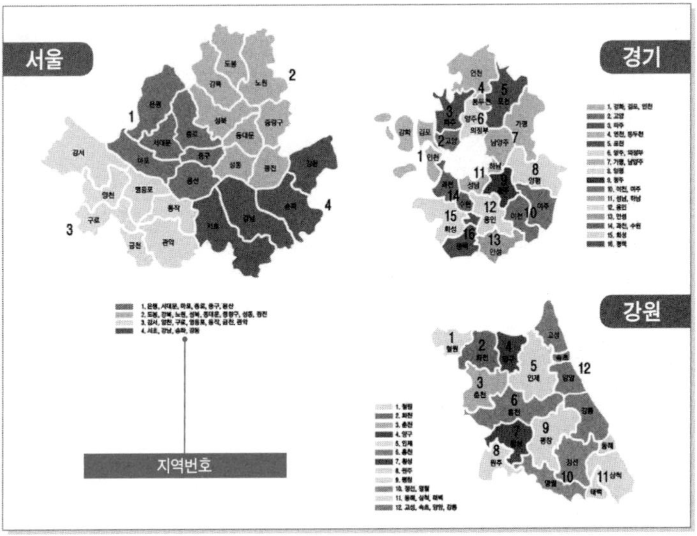
서울
경기
강원
지역번호

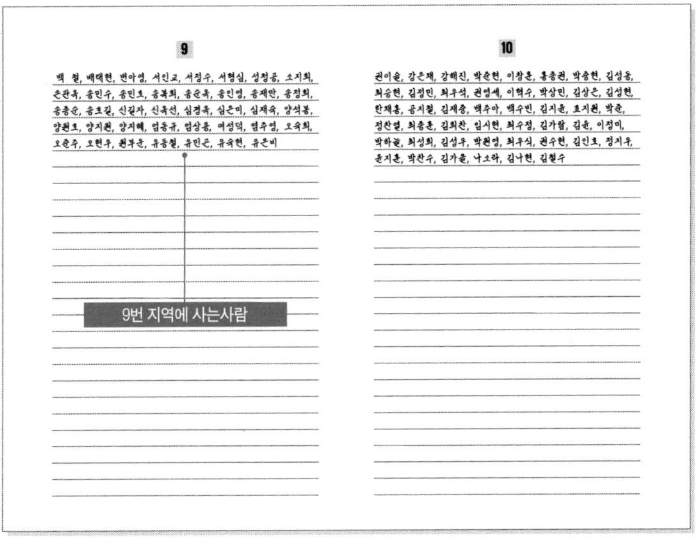
9
백 철, 배대현, 변아영, 서인교, 서정수, 서형심, 성청공, 소지희,
손관옥, 송민수, 송민호, 송복희, 송순옥, 송인영, 송재만, 송정희,
송종순, 송호길, 신길자, 신옥선, 심경옥, 심은미, 심재숙, 양석봉,
양원호, 양지원, 양지혜, 엄동규, 엄상용, 여성덕, 염주영, 오숙희,
오춘수, 오현우, 원부순, 유동철, 유민곤, 유숙현, 유은비
9번 지역에 사는사람
10
권이슬, 강은채, 강해진, 박준현, 이창훈, 홍종권, 박중현, 김성동,
최승현, 김정민, 최우석, 권영세, 이혁수, 박상민, 김상은, 김성현,
한재홍, 공지철, 김재중, 백주아, 백수빈, 김지윤, 효지원, 박준,
정찬열, 최종훈, 김희찬, 임시현, 최수정, 김가람, 김윤, 이정미,
박하늘, 최성희, 김성우, 박원영, 최우식, 권수현, 김인호, 정지우,
윤지훈, 박찬수, 김가을, 나소라, 김나현, 김철수

이름란

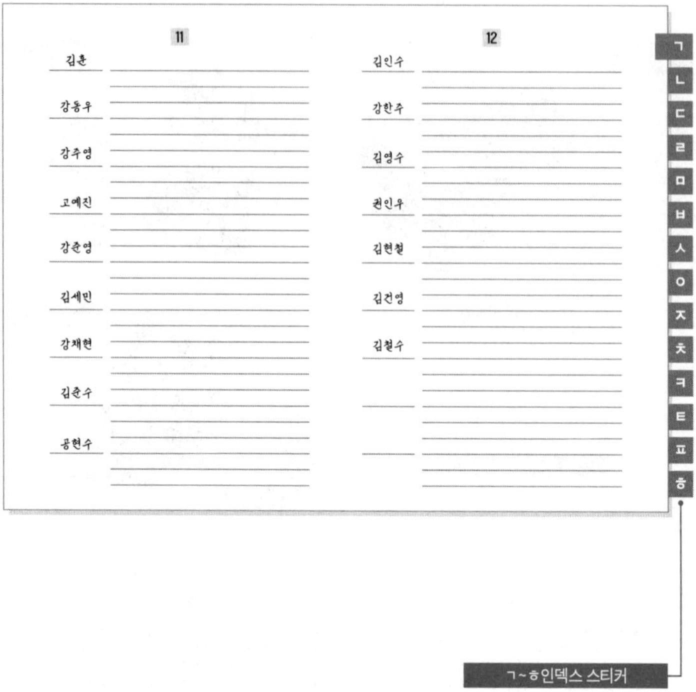
11
김훈
강동우
강주영
고예진
강춘영
김세민
강재현
김춘수
공현수
12
김인수
강한주
김영수
권인우
김현철
김건영
김철수
ㄱ
ㄴ
ㄷ
ㄹ
ㅁ
ㅂ
ㅅ
ㅇ
ㅈ
ㅊ
ㅋ
ㅌ
ㅍ
ㅎ
ㄱ~ㅎ인덱스 스티커

'지역란'의 지역별 구분과 번호

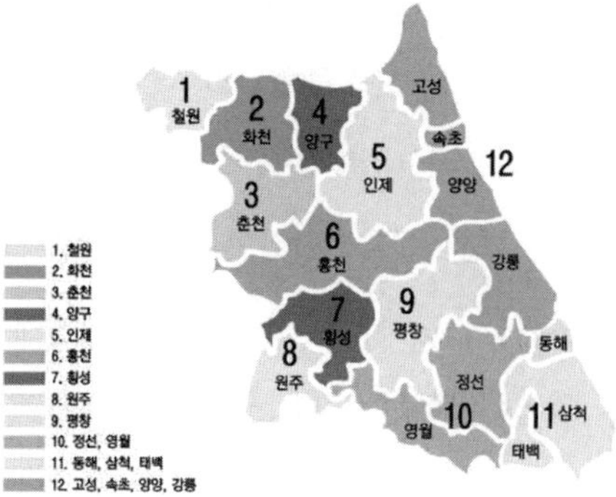

'이름란'에 적은 이름들

10

권이슬, 강은채, 강해진, 박춘현, 이창훈, 홍종권, 박중현, 김성동,
최승현, 김정민, 최우석, 권영세, 이혁수, 박상민, 김상은, 김성현,
한채홍, 공지철, 김재중, 백주아, 백수빈, 김지윤, 효지원, 박준,
정찬열, 최종훈, 김희찬, 임시현, 최수정, 김가람, 김윤, 이정미,
박하늘, 최성희, 김성우, 박원영, 최우식, 권수현, 김인호, 정지우,

인덱스로 표시해둔 '이름란'에는
각 고객의 상세사항을 정리

11

김훈	이동현 씨 소개. 중고차 판매. 사모님 꽃집 운영.
	첫째 아들 군대 감(2023. 04. 전역)
강동우	

휴대폰에 저장

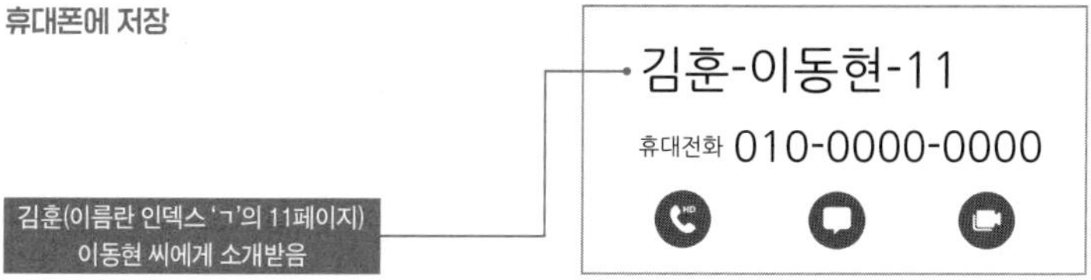

지역란에는 이름만 적어놓는다. 지인을 제외한 사람들은 모두 소개를 받은 사람들일 테니 기억이 잘 나지 않을 것이다. 통화를 하기 전에 휴대폰에서 이름을 검색한다. 예를 들어 '김훈'을 검색하면 "김훈-이동현-11"이라고 저장해 두었다. 김훈에서 김의 자음은 ㄱ이므로 이름란 ㄱ에서 11페이지에서 '김훈'을 찾을 수 있다.

이름란에는 도별, 구역별 번호에 맞게 거주하는 사람을 적는다. 예를 들어 강원도 삼척에 간다고 할 때, 지역란에서는 강원도에서 삼척의 구역번호 11페이지를 찾으면 그 지역에 있는 사람들을 전부 확인할 수 있다. ㄱ부터 ㅎ까지 자음 순서대로 구분하고 사람 한 명당 3줄씩, 통화날짜, 통화 내용, 신상 및 특이사항을 적는다.

남녀노소를 막론하고 사람은 누구나 자신에 대해서 기억해주는 사람에게 관심을 갖고 마음의 문을 여는 법이다. 목소리의 상태는 어땠는지, 현재 뭘 하고 있는 중인지 아주 상세히 적어놔야 몇 년 만에 통화를 하라도 대화 전에 참고할 수 있으니 가능하면 아주 세부적으로 적어야 한다.

가장 중요한 건 매일 그날 새로 알게 된 사람을 지역에 추가하고 통화내용을 업데이트 하는 것이다. 그래서 스케줄러와 마찬가지로 맵북도 볼펜 말고 꼭 연필로 적어야 한다. 사람이 직장을 옮기거나 이사를 해서 위치가 변경되는 경우, 통화 후 새로운 내용을 추가하거나 수정할 때 깔끔하게 지우고 적기 위함이다. 연필과 지우개, 맵북과 꼼꼼히 적어나가는 열정의 노력만 있다면 당신도 인맥관리의 달인이 될 수 있다.

맵북을 활용해 영업을 하다 보니 1년이 지났을 때는 일 목표였던 하루 5명 미팅을 무조건 성사시킬 수 있었다. 전국 어디를 가더라도, 약속이 취소되더라도, 지나가는 동선상에 있는 사람들을 쉽게 찾을 수 있어 빠짐없이 연락해서 만날 수 있었다. 오랜만에 연락을 하는 사람, 만나는 사람과도 마지막 대화 내용과 신상정보를 확인하고 대화를 나눌 때 참고함으로써 특별한 신뢰와 믿음을 줄 수 있었다.

맵북은 전국 단위 세일즈를 통해 성공하고 싶은 세일즈맨이라면 반드시 사용해야 한다. 일반 직장인도 인맥을 중시하고 사회생활을 통해 만난 많은 사람을 세세하고 빠짐없이 관리하고 싶다면 맵북을 사용하기를 적극 추천한다. 인맥은 절대 돈으로 살 수 없는 재산이다. 물은 담는 그릇에 따라 모양이 달라지지만, 사람은 어떤 사람을 만나느냐에 따라서 인생이 바뀔 수 있다. 한 번 스쳐 지나가는 만남일지언정 그 소중한 만남을 꾸준하고 세부적으로 관리하고 연락해 믿음을 준다면 인연으로 바꿀 수 있고, 그 인연을 통해 인생이 바뀔 수도 있다.

프로와 아마추어는 종이 한 장 차이다. 기억을 하느냐, 못 하느냐. 이것 자체의 차이는 작지만, 그 결과는 당신의 연봉으로 나타날 것이다. 맵북을 활용해 고객을 철저하게 관리한다면 당신의 연봉을 억대로 끌어올리는 시작점이 될 것이다.

영업은 고객 100명 만들기에 목숨을.
팀장은 팀원 10명 만들기에 목숨을.
지점장은 지점원 50명 만들기에 목숨을.

각자의 안정권 숫자에 도달할 때까진
'죽기살기'에서 '살기'를 뺀 '죽기'로
목숨을 걸어야 한다.

달성했을 때부터 복리의 마법이 시작된다.
처음이 힘들지 세팅 후엔 빠르게 성장한다.
100/10/50을 명심하라.

08

처음 세일즈를 시작할 때 알아야 할 것들

전화하기 싫을 때 꿀팁

약속은 전화로만 잡아야 한다. 카카오톡은 상대방이 거절하기도 쉽고 메시지를 확인하지 않으면 그만이기 때문에 꼭 전화로 해야 한다. 그럼에도 전화를 하기 싫을 때가 있다. 보통은 자신의 기분이 안 좋거나 다운되어 있을 때다. 그래서 전화를 하기 전에 자신의 기분을 단시간에 업시키는 루틴을 만들 필요가 있다. 신나는 노래를 듣거나, 좋은 글을 읽거나, 친한 사람들과 대화를 하는 방법도 좋다. 반드시 약속을 잡겠다는 강한 자기암시도 좋다.

나는 가벼운 맥주 한 잔을 추천한다. 소량의 음주를 하면 긴장이 풀리고 텐션이 높아진 상태로 전화를 할 수 있다. 밝고 신나는 분위기로 대화를 이끌어가면 긍정적인 답이 나올 확률도 높아진다. 각자 자기만의 방법을 찾을 수 있을 것이다. 전화를 하기 전에는 반드시 당신의 텐션을 올려라.

고객이 전화를 안 받을 때 받게 하는 법

반드시 통화를 해야 하는 고객이 있는데, 전화를 안 받을 때가 있다.

일단 한 번 전화를 했는데 받지 않으면, 한 시간 정도 뒤에 한 번 더 한다. 그런데도 받지 않으면 카카오톡이 아닌 일반 문자 메시지를 남긴다.

"×××입니다. 전화를 받지 않으셔서 메시지를 남깁니다. 확인하시면 연락주세요."

이렇게 보내고 나서 기다린다. 만약 연락이 오지 않는다면 100% 부담을 느껴서 잠수를 탄 거다. 그래도 꼭 통화를 해야 한다면 답은 간단하다. 옆 사람의 휴대폰을 빌려서 전화한다. 모르는 번호로 전화하는 것이다. 물론 당일 말고 하루 지나고 나서 해야 한다. 놀랍게도 그렇게 통화가 안 되던 고객이 아무렇지도 않게 전화를 받는다. 경험상 휴대폰을 떨어트려서 액정이 깨져 전화를 못 받았다는 핑계를 많이 댄다. 이때 연락이 안 되서 기분이 불쾌했다는 걸 드러내지 말고, '그럴 수 있다'는 마음으로 대해야 한다. 우리의 최초 목적은 전화 통화였으니, 이제 원하는 내용을 전달하면 된다.

최고의 아이스 브레이킹

지인이 아닌 처음 만나는 사람과는 어색할 수밖에 없다. 그래서 반드시 필요한 게 분위기를 부드럽게 만들 '아이스 브레이킹(Ice-breaking)'이다. 영업을 잘하는 분들은 아이스 브레이킹의 고수다. 고객의 마음을 열게 만들어 처음부터 무장해제시켜 버린다. 그러면 다음 단계는 훨씬 쉬워진다.

대부분의 세일즈맨이 잘하지 못하고 어색해하는 부분이기도 하다. 경험상 최고의 아이스 브레이킹은 말을 편하게 놓는 것이다.

"○○님, 제 경험상 오늘 2시간 정도 상담이 진행될 예정인데, 괜찮으시다면 제가 두 살 정도 많은 것 같으니 말을 좀 편하게 놓고 진행해도 괜찮을까요?"

"제가 세 살 더 어린 걸로 아는데, 형님처럼 편하게 대해도 괜찮을까요?"

"나이가 저랑 동갑으로 아는데 친구처럼 말을 편하게 놓고 진행해도 괜찮을까요?"

이렇게 정중하게 제안한다. 나이 차이에 맞게 동생, 형님, 친구로 편하게 호칭을 정리하는 것이다. 계속 "○○씨"라고 하면 비즈니스적인 관계에서 더 이상 발전하기도, 사이가 가까워지기도 힘들다. '씨'에서 '님'으로 호칭을 정리하고 편하게 만들어 공적인 관계에서 사적인 관계로 발전해야 한다. 최종 계약을 위한 마음을 얻기 위해선 관계에서의 호칭 정리가 시작점임을 명심하라.

임팩트 있는 자기소개

회사와 자기소개는 반드시 10분 이내로 끝내라. 깔끔하고 단순할수록 좋다. 각각 PPT 1페이지씩으로 준비한다. 뭐든지 줄이는 게 좋다. 심플한 게 최고다. 각 1페이지에 자신을 브랜딩해 소개할 수 있도록 고민해서 스토리를 담는다.

자기소개에서 사용하는 나만의 꿀팁은, 꼭 가족사진이라든지 부모님 사진 등 감성을 자극할 수 있는 가족 이야기를 반드시 넣는 것이다. 가령 부모님 사진을 넣고 효도를 하기 위해서 열심히 살고 있다든지, 아이 사진을 넣어 가족을 위해 가장으로서 노력하고 있음을 어필한다. 대한민국 사람은 열심히 사는 사람을 좋아하기 마련이다. 열정적인 사람을 보면 자신이 잊고 있던 열정을 상기시켜주기 때문에 좋아한다. 아무리 이성적인 사람이라도 반드시 따뜻한 마음을 갖고 있다. 우리는 이성이 아닌 그 감성을 건드려야 한다. 인간적으로도 배울 게 있고 알아뒀을 때 자신한테 도움이 될 만한 사람이라면 당신을 관리자로 선택하지 않을 이유가 없다. 10분 만에 퍼펙트한 자기소개로 성공적인 미팅을 시작하라.

비유법을 써라

상담을 할 때는 초등학생이 들어도 이해할 수 있는 수준으로 설명해야 한다. 어려운 단어, 전문적인 지식을 어필하기 위해 노력할 필요가 없다. 아무리 좋은 내용이라도 고객을 이해시키지 못하면 계약으로 이어질 수 없다. 이때 활용해야 할 기법은 적절한 비유를 써서 이해시키는 것이다.

가령 가격 때문에 고민하는 고객이 있다면 이렇게 말하는 게 좋다.

"비유를 하자면, 시중에는 많은 기성 정장이 있습니다. 당연히 대부분은 가격이 저렴합니다. 대신 좋은 재질로 제작하지 않았기 때문에 금방 해지고 구멍이 나거나 망가지기 쉽습니다. 제가 제안드리는 건 오직 세상에 하나뿐인 고객님만을 위한 맞춤형 정장입니다. 가격은 당장 부담될 수 있지만, 제대로 된 정장 한 벌을 오랫동안 만족하면서 입는다면 한동안 옷을 새로 살 일도 없기 때문에 오히려 가격 면에서도 효율적입니다."

전달하려고 하는 메시지를 간단하게 이해시키고 싶다면, 적절한 비유를 통해 고객을 이해시켜라.

TA와 RP를 촬영하라

TA(전화접근)와 RP(롤플레잉)의 공통점은 그 성과가 연습에 비례한다는 것이다. 머리를 쓸 필요도 없이 반복만이 답이다. 열심히 말하고 연습하면 실력이 늘고 자신감도 높아진다.

TA는 반드시 녹음을 해서 자신의 목소리를 들어봐야 한다. RP도 영상 촬영을 해서 자신의 상담하는 모습을 3자 입장에서 객관적으로 판단해야 한다. 자신도 모르게 볼펜으로 딸깍딸깍 소리를 낸다든지, 다리를 불안하게 떤다든지 하는, 긴장하면 자신도 모르게 나오는 행동들이 꼭 있다.

성공하기 위해서는 성장을 해야 한다. 자신의 현재 실력을 냉정하게 파악하는 최고의 방법은 반드시 촬영해서 보고 듣는 것이다. 사수와의 동반 활동을 통해서 실력을 점검받는 것도 추천한다. 잘하는 사수의 상담과 TA를 녹음하거나 녹화해서 매일 보고 듣는 것도 좋다. 영어를 잘하기 위해서는 매일 듣고 말해야 하는 것처럼 상담도 마찬가지다. 프로가 되는 길은 연습을 반복, 또 반복하는 것뿐이다.

2차 미팅 잡을 때 꿀팁

1차 미팅(초회면담)이 끝날 때는 반드시 2차 약속을 잡고 헤어져야 한다. 이때 자신의 스케줄러를 꺼내서 고객이 보이는 앞에서 적는 게 나만의 꿀팁이다. 미팅 전에 일부러 스케줄러에 빼곡히 있지도 않은 스케줄을 적어 놓는다. '나는 바쁜 사람이지만 당신을 위해 시간을 일부러 내는' 척을 해야 한다. 누구나 스케줄 바쁜 프로와 상대하고 싶어 하지, 시간이 널널해서 아무나 만나는 아마추어는 상대하고 싶어 하지 않는다. 바쁘다는 걸 보여줘야 자신과의 시간에 신경을 써주는 것에 대해 감사하게 생각한다. 고객이 보이는 앞에서 일부러 스케줄을 적음으로써 2차 미팅에 대한 무게감도 전한다. 물론 이렇게 해도 약속은 깨질 수 있다. 하지만 이건 성공 확률을 높일 수 있는 좋은 방법이다.

약속이 깨지지 않도록 연락하는 법

약속은 잡아놓고도 여러 상황에 의해 쉽사리 깨질 수 있는 법이다. 원인 중에서도 많은 부분을 차지하는 게 바로 날씨다. 비가 오거나 눈이 오거나 추운 날에는 아무래도 약속이 깨질 확률이 높다. 당연히 돌아다니는 게 부담스럽고 빨리 집에 가서 쉬고 싶은 게 사람 마음이기 때문이다.

그래서 늘 이번 주 일주일치 날씨를 알고 있어야 한다. 일단 약속 5일 전에 1차 확인 메시지를 보낸다. 상대방은 잊고 있을 수도 있기 때문에 먼저 연락하는 것이다.

"○○님, ○월 ○일 ○시 ○요일 ○○에서 저와 1차 미팅 하기로 하셨습니다."

그러고 나서 약속 이틀 전에는 최종 확인차 2차 메시지를 보낸다. 이때는 날씨를 미리 알린다.

“○○님, 내일모레 비가 내릴 것으로 예상됩니다. 날씨도 조금 쌀쌀하다고 하니 우산 꼭 챙기시고 옷도 따뜻하게 입으세요. 궁금하신 사항이나 질문사항도 미리 준비해주시면 좋겠습니다.”

이렇게 5일 전에 1차 확인, 2일 전에 날씨를 포함한 최종 확인 메시지를 보낸다. 바로 전날에는 연락하지 않는다. 연락하지 않고 있다가 바로 전날에서야 처음으로 확인 메시지를 보내면, 고객이 깜빡했다며 약속을 깰 확률이 높다. 5일 전에 미리 확인을 해야 약속이 깨지더라도 다른 사람과 약속을 잡을 시간이 충분하다.

별거 아닌 것 같아 보이지만 두 번에 걸친 사전 연락을 통해서 자신의 배려심도 전달하고 날씨로 인해 약속이 깨지지 않게끔 관리해야 한다.

경청은 세일즈 최고의 기술

사람은 자신의 이야기를 할 때 쾌감을 느낀다. 그만큼 말하는 것을 좋아한다. 나이를 먹을수록 듣기보다는 자신의 이야기를 하는 걸 더 좋아한다. 그래서 연장자인 분들을 만났을 땐 무조건 잘 들어드리고 리액션만 신나게 해드려도 계약이 체결된다. 하지만 말이 쉽지, 상대방의 이야기를 잘 듣는 것은 결코 쉬운 일이 아니다. 그렇기에 "프로는 듣고 아마추어는 말한다"는 말이 있다.

사람의 마음을 얻는 최고의 방법은 귀를 열고 이야기를 들어주는 것이다. 이때 귀로 듣기만 하기보다는 메모지를 꺼내서 적는 모습을 보여주자. 사람은 누구나 자신의 이야기에 귀 기울여주는 사람에게 단시간에 마음을 열어준다. 대화 중간마다 적어놓은 메모를 보고 재확인을 요청하거나 추가질문을 하면, 이야기를 하는 사람 입장에서는 존중받는 느낌을 받아서 자신의 속마음을 더욱 드러내기 마련이다. 효율적인 대화의 비율을 명심하라. 7 대 3, 또는 6 대 4의 비율로 들어주고 말하라. 우리는 3에서 4가 되어야 한다. 최고의 협상가는 말 잘하는 사람이 아니라 잘 들어주는 사람이다.

초필살 클로징

"저를 통해 가입하신다고 해서 고객님이 사용하실 상품이 달라지는 건 아닙니다. 다른 영업자분들이 제공하는 상품과 똑같습니다. 그렇다면 왜 굳이 저를 믿고 가입하셔야 하는지, 제가 그 이유를 보여드리겠습니다."

나는 클로징을 할 때 이렇게 말하고는 매일 꼼꼼히 적어온 스케줄러를 보여준다. 한 장 한 장 넘기면서 하루하루 최선을 다해 열심히 살아가고 있는 성실함을 어필한다. 관리자로서 실제로 잘 관리해줄 수 있음을 전해야 한다. 이때 강한 확신을 담아 이렇게 말한다.

"저는 새벽 1시에 자고 새벽 6시에 일어납니다. 매일 하루에 5시간을 잡니다. 고객님께서 가입하신 상품에 대해 궁금하시거나 걱정되시면 언제든지 전화주세요. 제가 유일하게 전화를 받지 못할 때는 상담 중일 때입니다. 상담이 끝나고 나서 부재중 확인이 되면 바로 전화드리겠습니다. 기쁜 일이나 슬픈 일이나 언제든지 찾아뵙겠습니다. 저한테 계약하신다고 해서 선물 같은 걸 드리지는 않습니다. 저는 이 일을 오랫동안 하면서 저를 믿고 가입하신 고객님을 책임지고 관리하고 서비스해드리는 것으로 보답하겠습니다. 저는 회사 편이 아닙니다. 저는 고객님 편입니다. 오늘 제가 제안해드린 건 저의 부모님이(혹은 "제가") 가입한다는 마음으로 준비했습니다. 이게 최선입니다. 어디에 가서 비교하시더라도 자신 있습니다. 저를 믿고 가입하셔도 좋습니다."

펜 활용법

사람을 상대로 하는 비즈니스에서 눈에 보이는 이미지는 정말 중요하다. 외모, 복장, 헤어스타일, 표정 등 시각적으로도 중요하지만 냄새처럼 후각적인 부분도 중요하다. 이 중에서 많은 사람들이 놓치는 것이 있다. 바로 상담을 할 때 쓰는 자신의 펜이다. 어떤 펜을 사용하느냐에 따라서 그 사람의 품격이 달라진다. "퍼스트클래스 고객은 절대로 펜을 빌리지 않는다"라는 말처럼, 성공한 사람들은 반드시 자신의 펜을 갖고 다닌다. 자칫 펜이 없으면 준비되지 않은 인상도 심어준다.

어차피 있어야 할 펜이라면, 게다가 10년 이상 계속 쓸 펜이라면 처음에 좋은 펜을 사라고 강조한다. 좋은 펜을 사는 것은 사치가 아니며 자신의 비즈니스를 위한 투자다. 나는 영업 3개월 만에 장만한 좋은 펜을 지금까지도 사용하고 있다. 150만 원이 넘지만 14년 넘게 쓰고 있으니 역할은 충분히 했다고 본다. 이 펜으로 모든 커리어를 달성했기에 애착이 가는 물건 중 하나다. 상담 전에는 펜에다 암시도 한다. 오늘 반드시 계약을 하게 도와달라고. 아무리 비싼 정장을 입고 있어도 펜에서 이미지가 깎일 수 있다. 좋은 펜이야말로 좋은 고객님을 만나게 해준다.

나는 마지막 계약 체결을 위해 사인을 할 때 가슴 포켓에서 이 펜을 꺼냈다.

"고객님의 품격에 맞게 사인은 이 펜으로 적어주세요."

그러면 고객님들은 자신이 대접받는 느낌을 받아서인지 좋아했다. 그리고 평소 흔하게 보지 못했던 좋은 펜이다 보니 긴장도 하고 메이커를 물어보면서 신기해했다. 소개를 받을 때도 마찬가지로 이 펜으로 귀한 지인분들 세 명을 적게 했다.

고급 펜과 더불어 3색펜도 갖고 있어야 한다. 상담을 하다가 중요한 부분이 있으면 색깔별로 칠하면서 정리해 이해하기 쉽게 설명했다. 시각적으로 핵심만 딱딱 짚어줘야 한다. 고객의 시선이 많이 가는 펜에도 정성을 들여서 당신의 성공 확률을 높여라.

면장갑 활용법

명품샵에 가면 일하는 직원분들이 대부분 면장갑을 끼고 있다. 상품을 보여주거나 전달할 때 상품에 때가 타는 것을 방지하기 위해서로 보인다. 하지만 그뿐만이 아니다. 그 상품이 그만큼 큰 가치가 있음을 고객에게 눈으로 보여주는 효과가 있다.

이것을 나의 세일즈에 똑같이 적용해봤다. 계약을 체결하고 나서 고객에게 증권이나 증서를 전달해드릴 때 면장갑을 착용했다. 착용하는 이유에 대해서 먼저 설명하면 고객들은 민망해하면서도 재밌다는 반응이 대부분이었다. 또한 표현은 어색해서 안 하지만 감동을 받았다는 것도 느낄 수 있었다. 왜냐면 이렇게까지 자신의 상품을 소중히 다뤄주는 담당자는 보지 못했기 때문이다.

치열한 생존게임에서 살아남고 싶다면 평범한 사람은 하지 않는 차별화된 이벤트를 하라. 고객님은 자신을 인정해주고 자신의 상품을 소중하게 다뤄주는 사람을 좋아하면 좋아했지, 절대로 싫어하지 않는다.

세 가지 확신을 가져라.

고객에게 도움이 된다.
최고의 관리자가 된다.
나는 반드시 성공한다.

고객은 당신이 보여주는
확신을 보고 계약한다.

The Art of Conversation

CHAPTER 3

성공하는 1%는 이렇게 협상한다

01

상대의 벽을 허무는 5가지 방법

처음 만나는 사람, 소개를 받은 사람, 지인이지만 오랜만에 만난 사람 등 이런 사람들과는 거리를 두게 된다. 사람은 본능적으로 자신에게 피해를 줄 수 있는 사람과 거리를 두고 싶어 하기 때문이다. 지인이더라도 오랜만에 보면 그동안 어떻게 변했을지 모르기 때문에 마찬가지다. 어색한 분위기가 흐르면 상대가 마음을 쉽게 꺼내 편하게 이야기하기 어려워진다. 빠른 시간 안에 공기의 흐름을 바꾸도록 노력해야 한다. 그러지 않으면 깊은 대화로 들어가기가 힘들다. 좋은 분위기를 만드는 법 5가지를 소개한다.

그의 이름을 불러줘라

김춘수 시인의 유명한 시 '꽃'처럼, 누군가의 이름을 불러주는 것만큼 분위기를 따뜻하게 만드는 방법도 없다. "그동안 잘 지내셨어요?"보다는 "소연 씨, 그동안 잘 지내셨어요?"가 훨씬 부드러운 대화법이다. 사람은 누구나 자신의 이름을 지목해서 불러주면 관심을 더 기울이고 마음을 더 열게 된다. 성까지 포함한 "김소연 씨"보다는 "소연 씨"처럼 이름만 불러서 좀 더 친근한 느낌이 들게 해주자.

특히 소개를 받아서 전화를 하거나 만나는 자리라면 더욱 소개자의 이름을 자주 거론해야 한다.

> "강헌 님이 상화 님을 소개시켜 주면서 정말 너무 좋은 분이라고, 꼭 만나보라고 칭찬을 하셔서 참 궁금했습니다."

이렇게 이름을 불러주면서 이야기해야 함부로 대하지 않고 긴장의 끈도 놓지 않게 된다.

가벼운 화제로 말하라

어색한 분위기를 해결하는 데 가장 좋은 대화 소재는 보통 눈앞에 보이는 것이다. "혹시 저기 있는 식당 가보셨나요?" "오늘 날씨가 참 좋네요" 등 가볍게 던질 수 있는 소재로 이야기의 물꼬를 튼다. 자연스럽고 부담 없는 대화만큼 상대와의 거리감을 좁히기 좋은 방법은 없다. 상대방의 취미, 최근의 뉴스, 가족의 근황, 현재의 건강 상태, 최근에 먹은 음식이나 좋아하는 음식, 인상 깊게 본 영화나 드라마, 좋아하는 스포츠, 관심사 등 상대방에 대해서 이야기할 수 있는 편한 주제로 질문을 한다. 나는 특히 연애 유무에 대해서 꼭 물어봤다. 연애를 하고 있으면 얼마나 만났고, 어떻게 만났고, 최근에 갔던 맛집이나 좋았던 여행지에 대해서 묻는다. 만약에 없다고 하면 이상형을 물어보는 식으로 자신의 연애관이나 이성관에 대해서 편하게 말할 수 있게 한다. 어색한 분위기를 깨지 않고선 절대 본론으로 넘어갈 수 없다.

이때 반드시 주의하고 피해야 하는 주제도 있다. 다른 사람에 대한 험담이라든지 부정적인 이야기, 정치·종교에 관련된 이야기들은 각자의 입장 차이도 있고 괜한 오해와 선입견을 가져올 수 있기 때문에 바람직하지 않다. 누구나 공감하고 편하게 부담없이 이야기할 수 있는 무난한 대화로 상대와 가까워져라.

미소를 지어라

세일즈 특성상 전화를 하는 경우가 많다. 이때 잊지 말아야 할 점은 웃으면서 통화하는 것이다. 말을 잘하느냐 못하느냐보다 웃으면서 말하는 게 중요하다. 계속 웃으면서 전화하는 사람을 저버릴 고객은 많지 않다. 마찬가지로 만났을 때도 정말 중요한 것은 미소를 짓는 것이다. 함께 있을 때 웃는 얼굴로 긍정적이고 좋은 에너지를 발산하는 사람을 싫어할 사람은 없다. 그래서 이렇게 중요한 웃는 모습도 연습이 필요하다. 거울을 보면서 어색하지 않고 가식적이지 않고 자연스러우면서도 품위 있게 미소 짓는 연습을 하자. 내가 먼저 웃지 않으면 거울은 절대로 먼저 웃지 않는다. 내가 웃으면 웃지 않던 상대방도 웃게 되고, 분위기도 좋아져서 긍정의 말과 대화가 오가며, 결국엔 좋은 결과로도 이어진다.

또한 액션보다 더 중요한 것이 리액션이다. '역시'라는 말을 자주 써라. "역시 대단하십니다" "역시 해내실 줄 알았어요"처럼 미소와 함께 상대방의 자존감을 높여주는 것이 키포인트다. "칭찬은 고래도 춤추게 한다"라는 말이 있다. 리액션으로 고객을 춤추게 하라. 상대방의 기분을 좋게 해준다면 어색한 분위기를 화기애애하게 만들 수 있다.

정보를 알고 만나라

나에 대한 정보를 미리 알고 질문해주는 사람에게 마음을 열지 않을 사람은 없다. 적당한 수준의 관심은 감사함과 호감을 유발하고 마음을 열게 해준다. 요새는 SNS를 통해서 상대방의 정보를 쉽고 편하게 얻을 수 있다. 미팅을 하기 전에 반드시 한두 가지라도 상대방의 최근 정보를 파악하고 만나자. 그러고 나서 질문하자.

"귀엽고 사랑스러운 반려견과 지내시던데 그 아이는 몇 살인가요?"

"등산을 좋아하시는 것 같던데, 저 같은 초보자에게 추천해주실 만한 곳이 있나요?"

이렇게 상대방과 관련된 소재에 대해서 질문하자. 너무 과하고 부담스러울 정도로 많은 정보에 대해서 묻는다면 너무 부담스러워하거나 불쾌하게 느낄 수도 있다. 적당한 수준의 정보에 대해서 질문한다면 호감으로 느껴질 수 있다. 고객에 대해서 아무것도 모르고 관련된 질문을 전혀 하지 않는다면 관심이 없거나 준비성이 없는 사람처럼 보인다. 그러면 상대방의 마음도 열기가 쉽지 않다. 자신에 대해 관심을 가져주는 사람을 싫어할 사람은 없다. 반드시 사전에 준비하고 미팅에 임하자.

솔직하게 다가가라

상대방의 속마음을 이끌어내기 위해선 자신이 먼저 속마음을 열고 임해야 한다. 진실은 통하는 법이다. 솔직한 감정과 마음을 직접적으로 표현하라.

> "오랜만에 만나니까 상당히 어색하네요, 무슨 말을 해야 할지 생각이 안 나서 그러는데 재밌는 이야기 있으면 해주시겠어요?"

차라리 이렇게 솔직하게 감정을 표현하자. 그러면 상대방도 솔직한 나의 마음 상태를 확인했기 때문에 솔직하게 응할 확률이 높다. 또한 어색한 침묵이 흐른다고 이를 깨기 위해 일부러 오버액션을 하거나, 쓸데없이 안 해도 될 말을 해선 안 된다. 침묵 자체가 소통의 중요한 일부다. 대화 없는 침묵을 인정하고 적응하는 노력이 필요하다. 침묵에 대한 트레이닝이 되어 있지 않으면 어색함을 참지 못하고 불필요한 말을 함으로써 곤경에 처하거나 안 좋은 인상을 심어줄 수 있다. 그러니 일부러 침묵을 깨려고 노력하지 말자. 굳이 대화가 오가지 않더라도 진심으로 아이컨택을 하고 있다면 이미 그 자체만으로도 소통은 잘되고 있는 것이다.

부자는 안 보이는 미래를 믿고
빈자는 보이는 현재도 안 믿는다.

부자는 확언으로 미래를 만들고
빈자는 의심으로 현재를 날린다.

부자는 기록으로 미래를 준비하고
빈자는 느낌으로 현재를 살아간다.

02

상위 1%의 세일즈 스킬 10가지

내가 14년간 해온 세일즈를 요약한다면, 첫 번째는 "말이 씨가 된다" 그리고 두 번째는 "예단하지 마라"라는 두 문장으로 정리할 수 있겠다.

말은 정말 무섭다. 한번은 눈이 많이 오는 날이었는데, 평소에 운전을 거칠게 하는 팀원에게 이렇게 말했다.

"너 오늘도 쌩쌩 달리면 분명히 사고 난다."

그런데 실제로 그날 저녁에 그 팀원이 교통사고가 났다. 내가 괜한 말을 꺼내서 실제로 사고가 난 것 같아 죄책감과 미안함에 말조심을 해야겠다고 생각한 날이었다.

채용면접을 할 때 최종합격 후보자 중 정말 잘생기고 젠틀한 성격이라 우리 일을 정말 잘할 거라고 기대한 사람이 있었다. 그런데 막상 일을 해보니 대인관계가 원만하지 않고 개인주의가 심해서 동료들과 어울리지 못해 그만두고 만 경우가 있었다. 반대로 외모를 봤을 때 비호감형이고 말주변도 없어서 발표를 잘 못해 걱정했는데, 막상 일을 시작하니 정말 일을 잘하는 경우도 있었다. 절대로 외모라든지 풍기는 느낌만으로 함부로 사람을 판단하고 예단해서도 안 된다는 걸 배운 일이다.

계약도 마찬가지다. '이 사람 오늘은 계약하겠지?' 하고 기대해선 안 된다. '오늘 계약까지 하지는 않겠지?' 하고 마음을 비우고 갔는데 오히려 계약을 하는 경우가 더 많았다.

지인영업을 할 때 친분이 두터운 사람이라고 해서 기대하지는 않는 게 좋다. 오히려 10년 만에 전화를 할까 말까 고민하다가 연락한 통화에서 행운이 찾아오는 경우도 있었다.

우리가 매 순간 집중해야 하는 이유는 간단하다. 기회가 생겼을 때 늘 좋은 말, 긍정적인 말, 사랑스러운 말, 희망찬 말, 기쁨의 말을 자신에게 해주고 함께하는 사람들에게도 해줘야 하기 때문이다.

그리고 함부로 예단하지 말아야 한다. 미래는 아무도 모른다. 자신의 인생도 마찬가지다. 한계를 긋는 순간 할 수 있는 일이 없다. 한계를 정하지 않으면 해야 할 일들이 넘친다.

그동안 갈고닦은 세일즈 스킬 중 가장 필요한 10가지를 선별해 정리해봤다.

뻥쟁이, 척쟁이가 되라

나는 주변 영업자들에게 성공하고 싶다면 뻥을 치라고 말한다. 거짓말과 뻥의 차이는 뭘까? 거짓말은 상대방에게 피해를 주지만 뻥은 상대방에게 피해를 주지 않는다. 대전에 있지 않지만, 대전에 있다고 뻥을 쳐서 상대방에게 부담주지 않고 약속을 잡는 것처럼 말이다.

길을 지나가다 사람들이 대기줄을 길게 선 음식점을 발견하면 괜히 한 번 쳐다보게 된다. 저기는 뭐가 그리 맛있어서 저 많은 사람이 기다리고 있는 걸까? 많은 사람이 선택했다는 건 분명 이유가 있다고 생각하기 때문이다. 그러니 식당 사장은 손님이 없으면 지인들에게라도 요청해서 손님인 척 줄을 세워야 한다. 장사가 안되더라도 장사가 잘되는 척 늘 바쁜 행세를 해야 한다. 신입이지만 베테랑인 척해야 한다.

성공하고 싶다면 이미 그 분야에서 성공한 사람을 똑같이 따라 해야 한다. 그들의 사고방식과 라이프 스타일, 자세와 태도를 거울처럼 복사해야 한다. 상을 못 받아도 상을 받은 척 SNS에 올려보자. 그러면 두 가지 감정을 느낄 수 있다. 주위 사람들의 축하와 칭찬에 민망함과 창피함이 생긴다. 그로 인해 진짜 상을 받고야 말겠다는 독기도 품게 된다.

사람은 느껴보지 못하면 바라지 않는다. 바라지 않으니 생각하지 않고 실천하지 않는다. 실천하지 않으니 현실로 이뤄지지 않는 것이다. 반드시 느껴봐야 한다. 마트에 시식코너가 왜 있을까. 먹어서 느껴보고 맛있으면 사라는 거다. 자동차 판매점도 왜 시승 서비스를 할까? 타서 느껴보고 사라는 거다.

아직 현실로 이뤄지지 않았지만 자신이 원하는 목표를 이뤘을 때의 희열을 미리 느껴봐야 한다. 나 또한 실제로 사고 싶은 차는 미리 가서 타보고 사진을 찍어서 휴대폰 배경화면으로 해두어 매일 바라봤다. 목표를 눈으로 확인할 수 있으니 실천력이 올라갔다.

많은 사람에게 이런 '척'의 중요성을 강조하고 세부적으로 알려줘도 잘 따라하지 않는다. 자신이 없는 것이다. 막상 프로가 되어 그들처럼 열심히 살아야 하는 게 두려워서일 수도 있다. 또 막상 했는데도 결과가 생각만큼 나오지 않을 것에 대한 부담감 때문이다. 성장하려면 스트레스 받는 건 당연한 일이다. 고통 없는 성장은 없다. 현실에 안주하지 말고 척을 통해서 저지르고 노력하라.

멘토 3명 활용법

나는 어떤 일을 선택할 상황이 되면 반드시 세 가지를 비교하고 선택한다. 결혼식을 위해 웨딩플래너를 정할 때도 하루에 세 명과 미팅했다. 그럼 바로 비교가 된다. 한 명만 미팅해서 맘에 든다고 바로 정하는 실수를 범하지 마라. 멘토를 정할 때도 최소 세 명을 만들어라. 잘하는 사람들도 개인마다 성향, 특기, 노하우, 장점, 약점이 전부 다르기 때문에 그들의 성공방식이 자신한테 맞지 않을 때가 있다.

성공한 사람들은 자신의 성공 노하우를 알려주는 걸 좋아한다. 단, 손편지와 따뜻한 차 한 잔을 들고 매너 있게 요청하는 사람들에게만 한해서다. 그들이 갖고 있는 노하우에 대해 존중을 해줘야, 그들도 그 노하우가 절실히 필요한 사람들에게 알려준다. 또한 그들에겐 시간이 돈이기 때문에 최대한 간절함을 어필해야 시간을 내준다. 그들의 노하우를 들을 때는 집중해서 잘 듣고 전부 녹음하자. 그리고 돌아와서 매일 듣고 기록한다. 세 명의 멘토를 만나면, 조금씩은 차이가 있겠지만 반드시 성공하기 위해 강조하는 공통적인 부분을 찾을 수 있다. 그럼 그것을 기본으로 정하고 시스템으로 만들어라. 나머지는 세 명 중에서 자신에게 가장 잘 맞는 스타일의 멘토 방식을 그대로 따라 하라.

적용 이후에 성과가 나왔다면 반드시 감사의 인사와 선물을 사서 찾아뵙고 표현하자. 그러면 전에는 알려주지 않았던 그다음 단계의 중요한 팁도 추가로 알려줄 것이다.

누구나 멘티로 시작하지만, 아무나 멘토가 될 수 있는 건 아니다. 사람은 다른 사람을 가르치면서 더 성장한다. 반드시 세 명의 멘토를 정해 정기적으로 미팅을 하면서 배우고, 스스로도 다른 사람의 멘토가 될 수 있도록 노력하자.

미안하게 만들어라

한국 사람은 정에 약하다. '기브 앤 테이크(Give & take)' 정신이 누구보다 강한 사람들이다. 그러니 사람들에게 도움을 주고 미안한 마음이 들게끔 하자.

나는 만나는 모든 사람에게 무조건 90도로 인사를 하면서 비타민 음료를 마시기 편하게 뚜껑을 따서 드렸다. 일단 먹이고 시작하는 거다. 상대가 한 번, 두 번, 받아 마신 횟수가 세 번을 넘어가면 큰 금액은 아니더라도 갚아야 한다는 부담감은 충분히 생긴다. 그럼 나중에라도 꼭 상담으로 이어졌다.

음료 같은 선물이 아니더라도, 내가 할 수 있는 도움을 주면서 원하는 것을 얻어내는 것도 방법이다. 한번은 군의관 분을 소개받았는데, 집안도 좋고 머리는 똑똑하지만 연애에 관해서는 완전히 쑥맥인 사람이었다. 이야기를 나누다 보니 최근에 소개를 받은 여성분이 있었고, 약간 썸을 타고 있다고 했다. 그런데 너무 바쁘다 보니 데이트 장소를 어디로 정해야 할지, 어떤 식으로 연애를 해나가야 할지 막막하다는 고민을 털어놓았다. 그래서 가볼 만한 분위기 좋은 레스토랑 10곳과 혹시라도 나중을 기약하며 함께 떠나면 좋을 여행지, 숙소 등 내가 갖고 있는 특급 연애 기술을 적은 레포트를 손수 제작해서 선물로 드렸다.

이렇게 정성들여 준비한 선물과 도움을 받았는데 마음을 열지 않을 사람이 있을까? 당연히 나의 고객이 되었고, 여러 고객을 연결해준 키맨까지 되었다. 미안함과 도움을 받은 감동이 쌓이면 뭐라도 보답하고 싶은 마음이 드는 게 사람이다. 진심으로 도와주기 위해 노력한다면 상대방도 그 정성을 알아줄 것이다.

중간보고가 답이다

사람은 예측이 불가능한 상황을 싫어한다. 공포영화를 볼 때 마음이 불안해지는 건 언제 무서운 장면이 나올지 모르기 때문이다. 반대로 불안을 해소시켜주고 위험을 예측 가능하게 해줄 수 있는 사람은 무슨 일이든 100% 성공할 수 있다.

예를 들어 배달 앱 '배달의민족'을 보면 음식을 주문하고 실제로 받기까지 매장에 주문이 접수가 되어 음식을 만들고 있다는 알림, 배달원이 음식을 픽업해서 몇 분 뒤에 도착할 거라는 알림, 음식을 전달했다는 알림까지 날아온다. 고객이 바라는 서비스가 어떻게 처리되어 진행되고 있는지 실시간으로 알려줌으로써 고객의 불안을 해소했다. 카카오택시도 마찬가지다. 택시를 부르면 어느 택시기사가 콜을 받았는지, 언제 도착하는지 도착 예상시간과 더불어 어디까지 왔는지도 실시간으로 볼 수 있다. 이런 서비스가 생기기 전에는 누구나 언제 올지 모르는 택시를 기다리며 발을 동동 굴러야만 했다.

이처럼 예측이 가능하게끔 중간보고만 잘해도 고객의 불안을 해소하니 무조건 인정받고 성공할 수 있다. 일 잘하는 사람들의 공통점은 이런 중간보고를 잘한다는 점이다. 어떤 일을 진행할 때 상대방이 궁금하게 만들지 않는다. 중간보고는 곧 배려다. 중간보고를 하지 않는 건 상대방을 불안하게 만든다는 사실을 명심하길 바란다.

고객이 확인을 요청한 연락이 왔다고 해보자. 하수들은 "네, 고객님. 제가 확인하고 다시 연락드릴게요"라고 말한다. 하지만 고수들은 "네, 고객님. 제가 오늘 19시 전까지는 확인해서 다시 연락드릴게요"라고 말한다. 상대방에게 마감시간을 정해줌으로써 기다릴 수 있도록 배려하는 것이다. 시간을 정해주지 않으면 언제까지 기다려야 하는지 불안해진다.

중간보고에 목숨을 걸어라. 당신은 무조건 성공한다.

키맨 육성법

키맨은 중요한 사업 파트너다. 장사로 치면 단골손님이다. 내가 일하지 않더라도 대신 나를 홍보해주고 도와주는 사람이다. 이들에게는 지속적으로 관심을 갖고 연락하며 주기적으로 미팅을 해야 한다. 이들에게는 조금은 부담이 가는 선에서라도 감사의 선물과 격려금을 전달해야 한다. 물론 키맨을 돈으로만 살 순 없다. 가장 중요한 건 역시 진심으로 나의 성공을 바라는 마음을 얻어야 한다는 점이다.

그래서 키맨은 고객 중에서 가장 많이 만들어진다. 성실히 열정적으로 살고 본받을 만한 모습을 보였을 때 자연스레 응원해주는 키맨들이 생긴다. 경험상 계약을 할 때도 의심 많고 성격이 너무 꼼꼼해서 힘들게 했던 사람일수록, 막상 고객이 되고 나면 키맨으로 변신할 확률이 높다. 신뢰를 얻기 힘들고 벽이 높은 사람이라면, 마음을 얻는 순간 절대적인 파트너가 되어준다는 말이다. 의심이 많아서 상담을 할 때 물어보는 것도 많고, 귀찮고 힘들게 하는 사람을 만났다면 스트레스 받지 말고 기회가 왔다고 생각하자. 쉽고 편하게 계약하면 반드시 쉽게 잃는 법이다. 어렵게 만난 키맨의 기회를 절대 놓치지 마라.

해피콜 기대하지 않기

보통은 영업자가 가망고객에게 상담을 받도록 접촉하는 게 일반적이지만, 가망고객이 먼저 영업자에게 상담을 요청하기도 한다. 이것이 해피콜이다. 연차가 쌓이고 SNS를 열심히 하다 보면 이런 해피콜 연락을 받을 때가 많다.

이때 상담 요청이 왔다고 해서 절대로 기대하면 안 된다. '문의를 먼저 해왔으니 당연히 계약은 하겠지' 또는 '먼저 만나자고 했는데 약속을 깨지는 않겠지' 이렇게 예단해선 안 된다. 기대가 크면 반드시 실망이 큰 법이다.

연락을 해온 사람은 나한테만 연락한 게 아니라 다른 사람들에게도 연락했을 가능성이 높다. 반드시 비교해보고 선택할 게 뻔하고, 약속한 날 이전에라도 다른 사람을 만나서 계약할 수도 있다. 경험상 정보를 얻기 위함이나 찔러보기도 많다. 당일 노쇼나 잠수가 발생할 수 있다.

나는 절대로 전화로 상담하지 않는다. 전화나 문자로 상담 문의가 오면 이렇게 납한다.

"네, 문의 연락 주셔서 감사합니다. 저는 전화로 상담하지 않습니다. 미팅을 원하신다면 성함, 나이, 지역, 직업(경력기간), 연락처를 보내주시면 미팅 가능한 일정을 보내드리겠습니다."

만약 진짜로 상담을 원하는 사람들이라면 여기에 답을 보내온다. 그러면 그때 미팅 가능한 날짜를 3개 정도 보내주고 약속을 바로 잡는다. 만약 보냈는데 대답이 오지 않으면 100% 찔러보기이거나 혹은 그 정도로 미팅을 원하는 사람은 아닌 것이다.

귀중한 시간과 감정과 에너지를 알지도 못하는 사람에게 전화하면서 사용하지 말길 바란다. SNS로 문의해온 수많은 사람과 전화 상담을 하고 시행착오를 겪으면서 내가 발견해낸 효율적이고 현명한 대처법이다. 만약 미팅이 실제로 성사가 된다면 늘 그렇듯 최선을 다할 뿐 결과에 대해서는 겸허히 받아들이는 여유를 갖자.

중요하지 않은 약속은 없다

팀장이 돼서 처음으로 팀 미팅을 하기로 했는데 갑자기 고객과의 약속이 생겼다는 핑계로 빠지는 팀원들이 있었다. 관리자로서 중요한 내용을 공지하고 팀 단합을 해야 하는데, 이렇게 열외

하는 인원이 생기면 맥이 빠지고 분위기도 다운된다. 지점 미팅을 할 때는 더 많은 지점원이 꼭 고객과의 약속을 핑계로 미팅에 빠진다.

이럴 때 정신교육을 올바르게 시켜야 한다. 먼저 고객님과의 약속이 중요한지, 아니면 팀 미팅 또는 지점 미팅이 더 중요한지를 묻는다. 그러면 고객과의 미팅이 중요하다거나 팀 미팅이 더 중요하다거나 각자 자기 생각을 이야기한다. 그때 이렇게 정리해주면 된다.

> "세상에 중요하지 않은 약속은 없다. 오늘 팀 미팅은 이미 사전에 공지가 된 사항이고, 정상적이라고 한다면 이 시간을 제외하고 고객과의 약속을 잡았어야 한다. 이미 공지된 지점 미팅 시간에 고객과의 약속을 잡는다면 이건 지점장과 다른 지점원들에게 피해를 주는 일이다. 그 시간에 참석하는 지점장과 지점원들은 시간이 남아서 참석한 게 아니다."

내 경험상 영업을 잘하는 사람들은 미팅도 참석을 잘한다. 시간을 명확하게 이해하고 관리하기 때문이다. 작은 일을 무시하면서 성공하는 사람을 본 적이 없다. 시간 약속은 결코 작은 일이 아니다. 비즈니스 스킬 중 시간관리를 통해 조직 안에서도 인정받는 사람이 되길 바란다. 분명 성공한 뒤에도 운이 좋아 성공했다는 말 대신 "그 사람 성공할 것 같았어!"라는 말을 듣게 된다.

SNS 문어발 활용법

SNS의 특징 중 하나가 바로 예측을 가능하게 해주는 데이터를 얻을 수 있다는 점이다. 그렇기 때문에 다양한 루트로 홍보할 수 있는 채널을 보유하고 있어야 한다. 나는 처음에는 카카오스토리를 시작했고 이후에 페이스북(개인, 페이지), 블로그, 인스타그램, 유튜브 순으로 진행해왔다. 이렇게 가리지 않고 전부 하는 이유는 언제 어디에서 어떤 사람이 유입될지 모르기 때문이다.

SNS를 통해서 모르는 사람이 연락을 해오면 나는 항상 어느 플랫폼을 보고 연락했는지 확인한다. 블로그를 통해서 유입된 사람이 내 유튜브 계정으로 넘어와 꾸준히 영상을 보다가 연락이 오거나, 카카오스토리로 유입된 사람이 인스타그램으로 넘어와 지켜보다가 연락이 오는 식이었다. 이처럼 어디에서 어떻게 유입이 될지 모르기 때문에 그 모두를 매일 하고 있다.

게시물을 올릴 때는 가장 구독자가 적은 카카오스토리에 사진과 글을 작성해서 올린다. 혹여 오타나 글의 내용은 고칠 게 없는지 1차로 수정한다. 그러고 나서 최종적인 글을 그대로 복사해서 인스타그램과 페이스북에 사진과 함께 똑같이 올린다. 블로그에도 사진을 올리되 블로그 특성상 글을 조금 더 추가해서 올린다. 유튜브는 그 내용을 영상으로 촬영해서 올린다. 이런 식으로 한 개의 컨텐츠를 전부 각각의 SNS 플랫폼 특징에 맞게 수정해서 게시한다.

SNS에 게시물을 올리기 위해서는 어떤 것을 올릴지 생각부터 해야 한다. 게시물을 올리지 않고 있는 건 고민하지 않고, 생각하지 않고 있는 것과 같다. SNS상에 자신의 온라인 일기를 올린다고 생각하고, 매일 꾸준하게 최소 3개씩 올리자. 하루하루 쌓아온 그 결과물은 절대 사라지지 않고 축적되어 나의 브랜드 가치를 높여줄 것이다.

지인영업 이겨내는 법

지인영업에 대해 많은 세일즈맨이 본인부터 불편해하고 자신없어 한다. 가장 큰 이유는 자신이 그들에게 피해를 준다고 생각하기 때문이다. 상대에게 도움을 준다는 확신과 상품에 대한 자신감이 있다면 가장 사랑하는 사람부터 찾아갈 것이다. 종교를 갖고 있는 분들이 다른 사람에게 전도를 하는 이유는 그 좋은 것을 함께하고 싶은 마음 때문이다. 지인영업은 선택이 아니라 필수다.

그렇다면 어떻게 해야 할까. 가장 중요한 건 자신이 왜 이 직업을 선택했는지에 대해 설명하는 것부터 시작해야 한다. 지인이든 처음 만나는 분이든 자기소개를 하면서 반드시 자신의 직업의식과 자부심을 어필해야 한다. 나도 보험 영업을 시작한다고 했을 때 지인들 대부분이 무시하고 '보험쟁이'라며 조롱했다. 그럼에도 "나는 지금보다 5배 이상의 소득을 버는 월 1천만 원 이상의 소득자가 될 것이고 부모님께 3년 안에 1억 용돈을 드릴 것"이라는 나의 확신을 어필했다. 특히 연세가 있는 분들을 만나서 이렇게 설명드리면 "젊은 친구가 효심이 깊네" 또는 "참 열심히 사네"라고 칭찬하며 인정해주셨다.

처음에는 당연히 상담 실력이 부족할 수밖에 없다. 그래서 지인영업부터 해야 한다. 자신이 왜 이 일을 선택했는지 설명했다면 이후에는 감정에 호소한다. "내가 성공하길 바라냐, 실패하길 바라냐." 대부분은 "성공하길 바란다"고 한다. 그럼 지금부터 30분에서 1시간 정도 상담연습을 한번 해볼 테니 전부 듣고 나서 오늘 상담이 어땠는지 냉철하게 객관적으로 잘한 점과 못한 점을 말해달라고 부탁한다. "이런 부탁을 내가 너 아니면 누구한테 부탁하겠냐"는 말도 곁들인다. 그러면 대부분은 계약해달라고 요청하는 게 아니기 때문에 흔쾌히 승낙한다.

이제 상담 연습을 할 수 있는 기회가 생긴 거다. 그러면 교육 때 배운 대로, 무조건 FM대로, 정석대로만 해야 한다. 이에 대한 가장 좋은 결과는 상담을 듣던 지인이 필요성을 느껴서 계약을 하는 것이다. 다음으로 좋은 결과는 계약은 안 하더라도 다른 사람을 소개해주는 것이다. 정석대로 하지 않고 관계만 어필한다면 계약도 안 할 뿐더러, 계약하더라도 철회할 확률이 높고, 소개는 절대 해주지 않는다. 다른 사람들에게 피해를 주기 싫기 때문이다.

지인들에게마저 인정을 받지 못하면 아무것도 할 수 없다. 지인영업을 반드시 해야 하는 이유는 새로운 소개시장으로 넘어가기 위함이다. 상담 연습을 하지 않으면 절대로 성장할 수 없다. 무조건 지인들을 상대로 현재 자신의 실력을 냉철하게 평가받아야 한다.

손편지 쓰는 법

"안녕하세요. 저는 ○○○님 소개로 연락드렸던 김형준입니다.

오늘 인천에 상담이 있어서 왔는데 계신 곳과 가까워서 그냥 돌아가기 아쉬워 이렇게 무례를 무릅쓰고 약속도 잡지 않고 찾아뵙게 되었습니다. 소개해주신 ○○○님도 만족하셨듯이 제가 소중하고 의미 있는 시간으로 만들어드릴 자신 있습니다. 1시간 정도만 시간을 내주신다면 감사하겠습니다.

오늘 비 오고 날씨도 추운데 감기 조심하시고 곧 다시 뵙기를 희망합니다.

남은 하루도 마무리 잘하세요."

내가 약속이 없던 날 사람을 만나러 갈 때 썼던 손편지 내용이다. 사실 인천에 약속이 있는 건 아니었지만 상담차 근처에 온 척을 해서 부담을 덜어주고, 내가 바쁜 사람이라는 인상을 심어줄 수 있었다. 찾아갈 때 간단하게 마실 비타민 음료와 로또도 챙겼다. 이렇게 빈손으로 가는 게 아닌 손편지와 선물을 챙겨서 간다면 처음부터 좋은 첫인상을 심어줄 수밖에 없다. 손편지의 핵심은 예쁜 엽서에 부담 가지 않는 양으로 적는 것이다. 연애편지처럼 내용이 너무 길고 많으면 부담스러워진다. 반대로 너무 짧고 적으면 오히려 성의 없어 보인다. 한 장에 5~6문장 정도 적당한 양으로 적는다. 악필이더라도 한 자 한 자 최대한 정성을 들여서 적는다. 진심은 반드시 전달되는 법이다. 프린트한 메시지보다는 손글씨가 효과적이다.

만약 상대방을 만나지 못하게 된 상황이라면 손편지를 휴대폰 카메라로 촬영해서 카카오톡으로 전송하는 방법을 추천한다. 디지털 시대에 아날로그 감성을 활용한 디지로그 방식이다. 마음을 표현하지 않으면 상대방은 알 수 없다. 간단한 손편지로 진심과 정성을 전달하자.

5분도 채 안 걸리는 노력이 귀찮아 실행하지 않으면서 당신의 몸값이 오르길 바라지는 말길 바란다. 모든 성공의 시작은 기본을 지키는 것에서부터다. 단 1%만이라도 성공 확률을 높여준다면 실행하라. 내가 가장 싫어하는 말은 "못 했습니다"이다. 정확히 말하면 못 한 게 아니라 안 한 거다. 평균적으로 사람 1명에게는 250명의 지인이 있다. 1명을 놓치면 250명을 함께 놓친다는 걸 명심해야 한다.

내가 보험업을 14년간 하는 동안
단 한 번도 사기를 당하지 않은 이유는
쉽게 돈을 벌겠다는
얄팍한 생각 자체가 없었기 때문이다.
온전히 내 노동과 지식을 바탕으로
상위 1%의 소득 시스템을 만들었다.

오를지 떨어질지 모를 예측 불가한 주식,
비트코인에 시간과 에너지를 쏟을 바에야
1000% 오를 내 몸값을 높이기 위해
매 순간 초집중하겠다.

최고의 재테크는
나 자신이다.

03

충성도 높은 고객은 세일즈를 돕는다

잠을 자고 있는 동안에도 나를 대신해서 일해주는 사람이 있다면 얼마나 좋을까? 세일즈에서는 이러한 사람을 '키맨'이라고 부른다. 비즈니스 성공의 열쇠가 되어주는 사람이다. 세일즈 분야에서 구체적으로 이야기하면 계약할 사람을 적극적으로 소개해주는 사람을 말한다.

키맨 1명은 50명의 고객 역할을 한다. 고객들은 아무리 관리를 해도 소개에 적극적이지 않는데, 그게 일반적인 반응이다. 하지만 키맨은 다르다. 대부분의 세일즈맨이 실패하는 이유가 점점 상담할 사람이 줄어들기 때문이다. 힘들어하는 세일즈맨에게 가장 필요한 존재가 바로 키맨이다.

내가 3년간 영업을 할 때 총 7명의 키맨이 있었다. 그중 첫 번째 키맨과의 인연을 소개한다.

나는 장교로 군 생활을 하고 전역과 동시에 바로 보험 세일즈를 시작했다. 그래서 초기에 만날 수 있는 지인시장은 오직 직업군인들뿐이었다. 그때 나이가 26세라서 아직 주변에 직장에 다니는 친구가 별로 없었기 때문이다. 전역이 두 달 정도 남았을 때 나는 함께 군 생활을 했던 모든 간부님들에게 감사의 손편지와 손거울 선물을 준비했다. 그동안의 감사에 대한 마음을 진심으로 전하고 싶었다. 물론 50명이 넘는 간부들에게 일일이 편지를 쓰는 건 힘든 일이었지만, 진심을 전하고 싶은 마음이 컸기에 한 달간 시간을 두고 준비했다.

손편지와 손거울을 전해줬던 간부 중에 나와 같은 소대의 부사관 동생이 있었다. 그 동생은 개인주의가 심하고 예의가 바르지 않다는 평판으로 중대와 부사관 내에서 은근히 왕따를 당하고 있는 처지였다. 그래서 소대장이었던 나와 그렇게 각별한 사이는 아니었다. 하지만 그 친구에게도 편지를 쓰면서 남은 군 생활을 잘해나가고 간부님들에게 부디 인정받길 바라는 진심과 조언을 담아 편지를 써주었다.

시간은 흘러 전역을 하고 영업 4개월차가 되었을 때다. 간부님들에게 상담을 하기 위해 부대에 찾아갔는데, 그 부사관 동생을 우연히 만나게 되었다. 당시 목표한 3W를 달성하지 못한 상태라 사이가 불편했던 그 부사관 동생에게까지 상담을 요청했다. 큰 기대를 하지 않고 진행한 상담이었는데, 계약도 받을 수 있었고 소개에 대해서도 매우 적극적으로 나서서 자신의 부사관 학교 동기 6명을 연결해주었다. 나에 대한 소개를 너무 잘해줘서 소개받은 사람에게 전화했을 때 아주 편하게 약속을 잡을 수 있었다. 게다가 더욱 놀라운 사실은 소개해준 부사관 동기를 전부 계약했다는 것이다. 이렇게 그 부사관 동생은 나의 첫 번째 키맨이 되어주었다. 그 뒤로 실적이 힘든 달이나 중요한 이슈가 있을 때마다 동생의 도움을 받을 수 있었다.

그러다가 고마운 마음을 전달하고자 동생에게 식사를 대접하는 자리를 가졌는데 자연스레 술자리까지 이어졌다. 거기서 그동안 정말 궁금했던 질문을 했다.

"내가 정말 궁금한 게 있는데, 넌 왜 형을 도와주는 거니?"

나의 갑작스러운 질문에 동생은 진지하게 대답했다.

"솔직히 우리 군대에 있을 때만 해도 친한 사이는 아니었잖아. 그래서 사실 나한테는 써주지 않을 줄 알았거든. 근데 형의 손편지를 보고 감동받았어. 그때 나중에 형이 하는 일이라면 내가 뭐라도 도움을 주고 싶다는 생각을 했어."

순간 나는 머리를 망치로 맞은 듯한 느낌이 들었다. 만약 내가 친하지 않다 이유로 동생에게 손편지와 손거울을 주지 않았더라면, 내 생애 첫 번째이자 최고의 키맨을 놓쳤을 수도 있었다는 생각이 들었기 때문이다.

그날 진솔한 대화를 통해 우리 사이는 더욱 돈독해졌고, 동생은 신입 부사관들과 민간인 지인들까지 소개를 해줘서 어렵고 힘든 고비 때마다 큰 도움을 주었다.

결국 돈과 같은 물질적인 것으로만 만들 수 없음을 확인했다. 이처럼 키맨을 만들기 위한 가장 중요한 조건은 그들로부터 마음을 얻어야 하며, 진심으로 나의 성공을 원하는 사람이어야 한다는 것이다.

세일즈를 하면서 아직까지도 키맨이 없다면 하루 빨리 만들도록 노력해야 한다. 방법은 예단하지 말고 모든 사람에게 진심으로 최선을 다하는 것이다. 경험상 키맨은 전혀 예상하지 않았던 사람 중에서 운명적으로 나타난다. 키맨이 나타나기 위한 전제조건은 내가 하루하루 최선을 다해 열정을 갖고 살아가는 모습을 보여주고, 남을 자극시킬 정도로 성실한 태도를 보여주고, 상대를 진심으로 대해야 한다는 것임을 명심하길 바란다.

두 번째는 내가 키맨이 되었던 사례다.

지점장이 되고 나서 지점원들과 회사 근처에서 점심 약속이 있었다. 날씨도 춥고 해서 메뉴는 칼국수로 정했다. 일을 정리하고 다 같이 식사를 하러 이동하려는데, 갑자기 본부장님의 전화가 걸려 왔다. 어쩔 수 없이 지점원들에게 먼저 가서 음식을 시켜 놓으라고 하고 본부장님을 찾아갔다. 그런데 금방 끝날 일이 아니었다. 어쩔 수 없이 먼저 먹고 있으라는 연락을 보내고 부탁하신 일을 하게 되었다.

30분 정도 일을 마치고 달려가 보니 지점원들은 식사를 다 마치고 기다리고 있었다. 당연히 내 칼국수는 불어있었다. 지점원들을 기다리게 하는 것 같아서 먼저 가라고 했다. 혼자 남아 식사를 하려고 하는데 갑자기 아주머니가 오셨다.

"에구, 칼국수가 다 불어서 못 먹겠네요."

그러고는 밑반찬과 칼국수를 새것으로 바꿔주셨다. 나는 순간 배고픔을 잊은 채 그 마음에 감동을 받았다. 아주머니는 내가 지점장이라는 사실을 전혀 모르셨을 거다. 단지 손님에게 감사한 마음으로 관심을 갖고 서비스를 해준 것뿐이었다.

나는 칼국수의 맛을 떠나 아주머니의 정성에 감동을 받았고 이후 그 가게에 지점원들을 매주 데리고 갔다. 그래서 우리 지점원들의 단골 가게가 되었다. 내가 가게를 홍보하는 키맨이 된 것이다. 아주머니가 내게 베풀어 주셨던 칼국수 한 그릇의 정성스러운 노력처럼 모든 사람에게 최선을 다하다 보면 귀인은 반드시 나타나고 그 이상의 결과로 돌아온다.

세 번째는 천상 세일즈맨인 나를 감동시킨 일이다.

서울 이외에 제주도까지 전국에 지점이 있다 보니 매일 기차를 이용하는 편이다. 그래서 서울역까지 택시를 이용하는 일이 많은데 가급적 프리미엄 택시를 이용한다. 기사분께 미리 전달하는 요청사항에 불필요한 대화를 원치 않고 말을 걸지 않았으면 좋겠다고 적는다. 현장 조직원들에게 나의 기운과 에너지를 전달해야 할 책임과 의무감으로 도착 전까지 최상의 컨디션을 유지하기 위함이다.

그런데 한번은 차량에 탑승하자 휴대폰이 보이게 세팅되어 있었고 화면에는 이런 문구가 슬라이드처럼 지나가고 있었다.

"김형준 고객님, 마음을 담아 인사드립니다. 도움이 필요하시면 바로 말씀해주십시오. ○○○ 크루 드림."

그동안 많은 기사분을 봐왔는데 이런 일은 처음이었다. 고객의 이름을 명시하면서 최상의 서비스를 하겠다는 장인정신이 느껴졌다. 덕분에 아침부터 기분이 좋아져서 처음으로 먼저 기사분께 이렇게 신경 써주셔서 감사하다고 말을 건넸다.

도착해서 차에서 내릴 때도 다른 기사님들은 평범하게 "감사합니다" 정도의 가벼운 인사가 대부분인데, 이분은 멘트도 달랐다.

"사장님, 오늘도 일 잘 보시고 조심히 돌아오세요."

이 기사님은 무슨 일을 하더라도 성공할 수밖에 없을 거란 생각이 들었다. 별거 아니지만 이름을 콕 찍어 특별한 존재로 만들어주었고, 사장님이라는 멘트로 사기를 북돋아줬으니 말이다. 아침의 기분 좋은 경험은 그날 성공적인 하루로 이어졌다.

늘 같은 차량, 비슷한 이동시간, 똑같은 공간에서 보냈지만 어떤 사람과 함께하느냐에 따라 결과가 확연히 달라질 수 있다는 생각이 들어 스스로를 돌아보게 되었다. 누구나 다 알고 할 수 있지만 하지 않기 때문에 그걸 실천하면 특별해진다. 소소해 보이는 이벤트라도 오직 상대방만을 위한 이벤트라면 강력한 인상을 심어준다. 정성은 반드시 만족으로 이어지고 소개로 발전하는 법이다.

이사온 지 얼마 안 되서의 일이다. 지하 주차장에 주차를 하기 위해 내려가는 중이었다. 그때 한눈에도 인상적인 독특한 복장의 남자분이 눈에 들어왔다. 머리엔 흰색 수건을 두르고 요상한 옷차림으로 열심히 자동차를 세차 중인 분이었다. 내가 운전하면서 지나가자 세차를 멈추고는 90도로 인사를 하는 것이었다. 종종 주차장에서 실내 세차를 해주시는 분들을 보기는 했지만 이렇게 알은척을 하면서 인사를 하는 분은 처음이라 당황하면서도 특이했다.

그 이후에도 종종 몇 번 지나갈 때마다 하던 일을 멈추고는 90도로 인사를 했다. 가만히 보니 내 차뿐만이 아니라 차량이 지나갈 때마다 웬만하면 하던 일을 멈추고 인사를 하는 것이다. 세차 실력은 모르지만 고객도 아닌 사람들에게 예의 바르게 인사를 하는 태도만 봐서도 충분히 신선한 충격과 호감을 끌기에 충분했다. 나이도 더 많아 보이는 분께 세 번 넘게 90도 인사를 받으니 괜시리 죄송한 마음과 뭔가 빚진 심정이 되어, 나도 결국 고객이 되었다. 그분께 내 차와 아내의 차까지 두 대를 맡겼다.

이렇게 인사만 잘해도 만사가 잘 풀린다. 실력도 실력이지만 예의를 갖추는 것도 중요한 능력이다. 한국 사람이라면 바른 사람을 좋아하면 좋아했지 싫어할 사람은 없다. 비즈니스의 시작은 호감가는 태도에서부터 시작된다는 걸 명심하라. 지금 90도로 고개 숙여 인사를 하지 않는다면 나중엔 실패자로서 창피해서 고개를 영영 들지 못할 것이다. 당신이 원하는 것을 얻기 위해서라면 자존심 따위는 버리고 인사부터 잘해라. 그러면 반드시 좋은 결과들이 나타날 것이다.

우리의 인생을 성공으로 바꿔줄 사람이 누구일지 아는 사람은 아무도 없다. 그렇다면 방법은 간단하다. 겉모습만으로 섣불리 판단하지 말고 만나는 사람마다 최선을 다해야 한다. 키맨은 노력하지 않는 자에게 절대 나타나지 않는다. 1년을 미친 듯이 집중하라고 하는 이유는 이렇게 노력을 해야 키맨을 만날 확률이 조금은 더 올라가기 때문이다. 나의 성공을 진심으로 응원하고 도와주는 사람들이 많아지면, 비즈니스는 안정을 찾게 되고 성공의 보금자리에 안착할 수 있게 될 것이다.

오늘도 키맨을 만나기 위해 현장으로 나가라. 당신이 키맨을 만나지 못했다면 그 이유는 연락을 하지 않아서이고 그들을 만나기 위해 찾아가지 않기 때문이다. 당신의 키맨을 다른 사람에게 뺏기지 마라.

세상에는 소중하지 않은 일,
가치 없는 일이란 없다.

구두를 닦든
서빙을 하든
알바를 하든
영업을 하든
운동을 하든

중요한 건 자신이 하고 있는 일에 대해서
얼마나 가치와 사명감을 갖고 있느냐,
그리고 최고가 되기 위해
얼마만큼의 노력을 하고 있느냐에 달려있다.

이것이 당신을 프로로 만들어줄 것이다.
프로가 되는 순간
세상은 당신을 그대로 두지 않을 것이다.

04

대화의 주도권을 잡는 3가지 설계법

지인과의 사소한 대화나 목적이 없는 편한 대화에선 주도권 싸움을 할 필요가 없다. 하지만 협상, 타협, 계약 체결처럼 중요한 비즈니스를 목적으로 한 미팅이라면 반드시 현명한 대화법으로 상황을 주도해나가야 한다. 사람을 상대로 하는 비즈니스에서의 핵심은 자신감이다. 품위 있고 절제되어 있지만 강한 기세로 상대방을 설득해나가야 한다. 트레이닝이 되지 않고 학습하지 않은 상태로 평상시에 지인들과 대화를 나누듯 협상을 한다면 당연히 질 수밖에 없다. 원하는 것을 얻는 이기는 게임을 하고 싶다면 성공적인 대화법을 알고 적용하라.

자신 있게 말하기

사람들 앞에서 발표를 할 때나 대화를 할 때 가장 많이 하는 실수는 "음……" "어……"를 자주 남발하는 것이다. 이런 습관은 전문성이 부족해 보이고 준비가 되지 않았음을 대놓고 드러내 보이는 것과 마찬가지다. 말하기 전에 고민하는 신중한 모습을 보여주는 게 아니라 자신감이 없어 보이는 표현이다.

"제가 발표할 줄 모르고 갑자기 나오게 됐네요."

"이런 자리가 처음이라 상당히 떨리네요."

이런 말도 솔직함보다는 말하기의 연습이 부족했음을 드러내는 것이다. 준비되어 있고 자신의 스피치에 확신과 자신이 있으면 절대 하지 않을 말이기 때문이다. 말끝을 흐리지 않는 것도 중요하다. "이렇게 했는데요……"라며 말 끝을 흐리는 것보단 "이렇게 했습니다"라고 명확하게 끝맺음하는 것이 좋다. 이렇게 표현하는 것이 훨씬 상대방을 설득시키는 데 용이하다.

대화의 주도권을 잡는 핵심은 결국 자신감이다. 굳이 하지 않아도 될 불필요한 말과 자신이 없어 보이는 말들로 당신의 주도권을 뺏기지 마라.

최적의 환경 만들기

자신감 있는 목소리는 당당한 태도에서 나온다. 자세부터 당당히 하자. 허리는 올바르게 기대고 어깨는 당당히 펴라.

나는 많은 사람 앞에서 강의를 시작하기 전이나 중요한 미팅을 하기 전, 단시간에 긴장을 풀기 위해 반드시 하는 루틴이 있다. 양손을 허리에 얹고, 거울을 보면서 말한다.

"나는 늘 그래왔듯 오늘 강의도 성공적으로 마친다. 감동과 긍정의 에너지를 사람들에게 전달하자. 나는 김형준이다."

이렇게 당당한 자세로 말을 하면 심리적으로 상당한 효과를 볼 수 있다. 긴장해서 위축되는 게 아니라 떨림을 즐긴다고 생각해보자.

사람들이 자신감 없을 때 무의식적으로 자주 범하는 실수가 있다. 볼펜을 만지작거리면서 딸깍딸깍 소리를 내는 것이다. 대화의 집중력을 떨어뜨리기도 하지만 초조하고 불안한 모습으로 비친다. 다리를 떠는 것도 품위를 떨어뜨린다. 말할 때 팔짱을 끼는 것도 상대방에게 거부감을 표현하는 것으로 보이니 무의식 중에 이러지 않도록 주의하자.

마지막으로 대화할 때 휴대폰을 자주 들여다보면 지금 하는 미팅에 흥미가 없다고 표현하는 것이니, 대화가 끝나기 전까지는 가급적 휴대폰을 치우고 상대에게 집중하자.

말의 속도와 양을 조절하기

같은 말도 속도와 양에 따라서 현저하게 차이가 난다. 말의 속도와 양에 따라서 그 사람의 품격부터 달라진다. 말이 많은 사람보단 해야 할 말만 하는 사람이 더 품격 있어 보인다. 말이 많으면 뭔가 진실을 감추기 위해 부연 설명하는 것처럼 보인다. 해야 할 말만 제대로 하는 사람이 상황을 지배한다. 여유가 있어 보이기 때문이다.

자신이 더 말을 많이 하고 있다고 해서 대화의 주도권을 갖고 있다고 착각하지 마라. 오히려 말 없는 상대가 당신의 말을 귀담아 듣다가 촌철살인의 질문 하나로 대화를 자신의 방향으로 이끌어가기도 한다.

말이 빠른 사람은 조급해 보이고 쫓기는 느낌이 든다. 여유가 없어 보인다. 물론 계속 천천히만 말하면 집중력이 떨어질 수 있다. 천천히 말하되 여유 있게, 중요한 부분에선 목소리 톤과 속도를 조절하면서 말하자. 말의 속도와 양을 조절하는 것만으로도 당신은 대화의 주도권을 가져올 수 있다.

성공은
막연하게 보낸 시간에
비례하지 않는다.

성공은
치열하게 보낸 시간의
밀도에 비례한다.

05

협상은 영업에서만 필요한 것이 아니다

협상이라는 단어는 왠지 낯설다. 뭔가 중요한 고위급 미팅에서 리더들에게만 적용되는 느낌이 들기도 한다. 하지만 알고 보면 우리 모두는 협상가다. 매일 협상을 해야 하는 상황이 발생하기 때문이다. 협상은 사소한 일부터 중요한 선택까지 이어진다. 직장에서는 점심때 뭘 먹을지 동료들과 정할 때부터 이번 주력 상품의 마케팅 방향을 정할 때까지 협상을 하게 된다.

혼자서 선택하는 일이 아니라 두 사람 이상의 의견이 필요한 일이라면 반드시 협상을 해야 한다. 혼자 하는 일이라면 협상을 할 필요가 없다. 하지만 다른 사람과 함께해야 한다면, 내가 원하는 방향으로 가기 위해 상대방을 설득해야 한다. 마음을 상하게 하지 않으면서 모두에게 좋은 최상의 결과를 얻어야 한다.

그러니 인간관계에서 벌어지는 모든 소통은 협상이다. 협상의 달인은 상대를 내가 원하는 대로 움직이게 만드는 사람이다. 협상의 기술을 익혀 인간관계뿐만 아니라 비즈니스에서도 협상을 잘 한다면 당신의 몸값은 빠르게 올라갈 것이다. 건강한 인간관계와 소득 향상을 위해 협상의 성공원칙을 알고 적용하자. 당신이 원하는 대로 삶을 이끌어 갈 수 있다.

서로 다르다는 걸 인정하자

협상의 시작은 나와 남이 다르다는 걸 인정하는 것에서 시작해야 한다. 다르다고 해서 틀린 게 아니다. 무조건적인 정답은 없다. 최적의 대안을 찾기 위한 올바른 소통만 있을 뿐이다. 나의 의견만 고수하고 주장해선 안 된다. 각자의 입장과 차이를 인정하고 상대방을 존중해야 한다. 나이와 경력, 경험만을 앞세워 자신의 이야기만 정답이라고 밀어붙여선 안 된다. 자기 말만 맞다고 주장하는 사람과 대화하고 싶어 하는 사람은 없을 것이다. 그러니 "그럴 수 있다"라는 말을 일부러라도 자주하자.

"충분히 그럴 수 있지." "맞아." "그럴 수 있겠다."

이 말은 상대방의 입장을 존중하고 인정해주는 것이다. 자신이 원하는 결과를 얻지 못했다고 해서 실망하지 말고 "그럴 수 있다"라고 말하자. 그런 말을 하는 당신을 상대방은 좋아해줄 것이고 다음 협상에선 유리하게 작용될 것이다.

감정을 컨트롤하자

의견 차이를 억지로 좁히려 하면 감정싸움으로 번질 수 있다. 절대 자기 기분을 태도로 보이면 안 된다. 나도 약간은 다혈질적인 성격이라 가끔 욱 하는 성격이 튀어나올 때가 있다. 굳이 하지 않아도 될 말을 해서 상대방에게 상처를 주거나 피해를 입히는 경우가 있었다. 활화산처럼 터지기 직전의 감정 상태에선 자기 생각을 곧이곧대로 말하지 말자. 자리나 상황을 일부러 피한 뒤에 약간의 시간을 갖자. 시간이 지나면 반드시 감정은 진정되고 다시 한번 생각할 여유가 생긴다. 그렇게까지 화를 낼 일이었는지, 나의 잘못은 없었는지, 상대방의 입장에서도 한 번 더 생각해보면서 자신을 객관적으로 돌아보게 된다.

순간의 욱 하는 감정으로 하지 않아도 될 말을 해서 자신과 상대방에게 안 좋은 결과를 만들지 말자. 그리고 자신의 감정조차 조절하지 못하면서 원하는 것을 얻으려 하지 말자.

거리를 좁히자

사람은 친하다고 생각할수록 자신과 가까워지는 것을 허용한다. 불편하거나 모르는 사람이 가까이 오는 것을 용납하지 않는다. 그러니 편안한 분위기를 만들기 위해서 멀게 느껴지는 거리를 노력을 통해 가깝게 해야 한다. 감정이 아닌 물리적인 거리까지 말이다.

처음엔 일부러 벽을 등지고 앉아서 주위 사람들에게 방해받지 않고 나에게만 집중하게 한다. 편안한 대화로 어색함이 조금 사라졌다면 양해를 구하고 정면으로 마주 앉기보단 45도 각도인 옆으로 앉아서 거리를 좁힌다. 이렇게 조금씩 가깝게 다가가 사이가 익숙해지게 되면 한층 더 마음을 열 수 있다. 요즘은 코로나 때문에 악수를 하는 게 꺼려지지만, 나는 악수를 할 때 손을 5초간 꽉 잡고 이야기하는 습관이 있었다. 물론 이성에게는 불편할 수 있으니 동성에게만 적용된다. 이런 5초 악수 스킨십은 단시간에 친밀감을 높이기 위한 방법이었다. 어색할 수 있으나 효과는 강력하다.

말 습관을 만들자

14년 동안 세일즈를 하면서 배운 삶의 교훈 1순위를 꼽으라고 한다면 말조심이다. 말에는 씨가 있고 생명이 있다. 잠을 제대로 못 잤더라도 오늘 아주 잘 잤다고 말하면 마치 잠을 잘 잔 것처럼 느껴진다. 말은 내뱉는 순간 현실이 된 것처럼 생각하고 느끼게 한다. 그래서 영업을 할 때는 고객에게, 관리자로서는 조직원들에게 늘 이름 앞에 기분 좋은 수식어를 달아서 말했다.

"인천에서 최고로 인정받는 ○○○ 선생님, 잘 지내셨어요?"

"올해 최고로 대박 날 ○○○님, 안녕하세요."

"6개월 만에 억대연봉을 달성할 우리 지점의 슈퍼루키 ○○○님!"

이런 말을 들으면 순간 민망해하고 어색해하면서도 좋아하는 걸 알 수 있었다. 또 약간의 부담감이 전해져서 이 말을 현실로 만들기 위해 노력을 하기도 했다.

상담할 때도 자기소개를 할 때 똑같이 적용했다.

"저는 계약 전보다 계약 후에 더 잘하는 대한민국 최고의 보험설계사 김형준입니다."

고객에게는 성실한 사람으로 어필함과 동시에 스스로에게 이렇게 되어야 한다는 책임감을 심어준 것이다. 상대방의 이름을 그냥 부르기보다 기분 좋은 멘트로 포장해준다면 싫어할 사람은 없다. 상대방의 기분도 좋게 만들고 분위기도 바꿀 수 있다. 평범해 보이지만 남들은 활용하지 않는 사소한 말습관으로 앞서나가자.

프로는 자신을 팔고
하수는 회사를 판다.

프로는 비전을 팔고
하수는 이익을 판다.

프로는 사람을 얻고
하수는 사람을 판다.

프로는 미래를 팔고
하수는 과거를 판다.

06

협상 테이블에서 원하는 것을 얻는 노하우 5가지

자기중심적 사고에서 벗어나라

성공한 사람일수록 자기중심적으로 생각하기 쉽다. 자신만의 성공법칙으로 결과를 만들어냈기 때문에 자칫하면 우물 안 개구리가 될 수 있다. 이런 사람들은 다른 사람의 의견을 수렴하는 것 자체가 용납이 안 되고 어려울 수 있다. "나도 해봤는데 안 됐다." "예전 방식이다." "아마 안 될 거다." 이런 식으로 예단하면서 상대방의 의견을 무시하기 쉽다. 다른 사람의 의견을 존중하지 않고 일단 무시부터 하면 상대방은 당연히 기분이 나쁘다. 설령 좋은 의견이 있더라도 창피를 당할까봐 말하지 않는다.

경험상 가장 무서운 건 악플이 아니라 무플이다. 적극적으로 요청하고 불평과 불만을 표현한다는 것은 그만큼 애정과 관심이 있다는 반증이다. 가장 무서운 고객은 입을 다문 고객이다. 마음 자체를 닫은, 말해도 바뀌지 않을 거라고 이미 포기한 상태다. 자기중심적 사고에서 벗어나서 일단 귀를 열고 상대방의 이야기를 듣는 것이 중요하다. 말도 안 되는 이야기더라도 일단 끝까지 들어준다면 반은 성공한 셈이다. 의견을 제공한 것에 감사하는 마음을 가지자.

감정을 건드린다

연애나 세일즈나 사람을 상대로 하는 일에는 반드시 순서가 있다. 가장 먼저 해야 할 것은 칭찬을 곁들인 아이스 브레이킹 과정이다. 상대와의 사이가 얼어붙어 있는데 자신의 마음을 열 사람은 없다. 어색하고 불편한 분위기를 녹여 솔직하고 편안하게 이야기할 수 있는 분위기로 만들어야 한다. 협상의 고수들은 아이스 브레이킹의 전문가들이다.

가장 좋은 방법은 말을 편하게 놓는 거다. 호칭이 정리되면 언어가 바뀌고 태도가 바뀌고 사이를 더욱 가깝게 만든다. 감정과 마음을 편안하게 만들지 못한 채 계속 공적인 비즈니스 이야기만 한다면 숫자로 나타나는 결과물을 얻을 수 있다고 하더라도 관계에서의 결과는 없을 것이다. 최고의 협상이란 숫자로 나타나는 결과와 관계에서의 결과가 함께 나와야 한다.

시뮬레이션하라

가수가 콘서트를 하기 전에 리허설을 하는 건 실수를 줄이고 더 높은 완성도의 무대를 만들기 위해서다. 세일즈를 하는 사람도 미리 리허설이 필요하다. 그런데 상대가 없으면 리허설을 하기 어렵다. 이런 상황에서는 먼저 시뮬레이션을 해보는 게 중요하다.

상대방의 입장에서 고민해보고 그들이 되어 하고 싶은 말을 적어본다. 그리고 그것을 설득시킬 대응책을 철저히 준비한다. 물론 미리 예측한 대로 반응이 나올 수도 있고 전혀 예상하지 않았던 우발상황이 발생할 수도 있지만, 시뮬레이션을 하고 안 하고의 차이는 크다.

진짜 협상의 고수는 상대방이 하려고 하는 거절을 상담 중에 미리 선 거절하는 사람이다. 나중에 최종적으로 제안을 했을 때 이미 거절할 모든 이유를 원천봉쇄했기 때문에 거절할 말조차 하지 못하게 한다. 링 위에 올라가기 전에 이미 승부가 정해지는 준비를 많이 하고 철저하게 연습한 사람을 이길 자는 없다. 협상의 게임에서 원하는 것을 얻고 싶다면 그 상황을 미리 상상해보고 완벽하게 준비하라.

차선책이 있다

협상에서는 갑과 을의 관계가 반드시 공존한다. 아쉬운 사람이 을이 될 수밖에 없다. 동등한 입장이라면 양보하기 쉽지 않겠지만 한쪽으로 조금이라도 기운다면 관계 정리는 쉽다. 그래서 협상에서의 성공적인 결과를 얻기 위해선 반드시 차선책을 마련해 놓고 임해야 한다. 나도 항상 선택을 할 때 세 가지 정도는 비교하고 나서 정한다. 비교할 수 있는 기준이 생기면 각각의 장·단점이 명확히 보인다. 중요한 우선순위에 맞춰 점수를 정하고 최종합계의 점수가 높은 것을 선택한다. 그리고 협상을 시도할 때 반드시 다른 두 곳에 대해서도 차선책을 두고 있다고 알린다. 물론 답은 정해져 있지만, 속내를 바로 드러냈다간 상대방에게 주도권을 뺏길 수 있다. 사실은 그렇지 않지만 만약 이번 협상이 결렬되더라도 꼭 아쉬운 것만은 아니라고 어필하는 것이다.

차선책이 있고 없고의 차이는 실로 엄청나다. 자신감과 기세, 눈빛에 그대로 드러난다. 반드시 목표 하나만 정하지 말고 차선책을 준비한 상태에서 협상에 임하자.

거절에 대한 대응

거절은 당연한 일이다. 그러니 거절에 상처받아 자책하거나 아쉬워할 필요 없다. 다만 동일한 거절 사유가 반복되면 그 상담에 문제가 있는 것이니 복기해서 원인을 진단할 필요가 있다.

거절당하면 당연히 '그럴 수 있다'는 마인드로 상대에게 공감해줘야 한다. 그리고 반드시 거절의 사유를 기록하게 한다. 사람은 본능적으로 선택을 나중으로 미루려는 습성이 있다. 불안하거나 부담스러워도 마찬가지다. 그래서 복잡한 생각을 정리할 필요가 있다. 이번에 꼭 협상을 하지 않아도 되니 진짜 거절하는 이유를 기록해서 정리하게 한다. 고민할 시간을 충분히 주고, 자신의 거절 이유에 번호를 매겨가며 중요한 순서대로 적게 한다. 다 적은 뒤엔 한 가지씩 거절 이유에 대한 반박, 재설득을 시도한다.

이렇게 했는데도 거절한다면 이제는 감정에 호소해야 한다. 원하는 부분을 다시 재검토하고 수정해서 다시 제안한다면 받아줄 의향이 있는지 정중히 부탁한다.

그럼에도 또 고민할 시간을 달라고 한다면 반드시 마감기한을 정하고 나서 헤어져야 한다. 막연하게 생각 정리가 되고 나서 연락을 달라고 하면 서로 애매해진다.

"일주일 뒤인 ○월 ○일 안으로 정리가 되시면 연락을 주세요. 그 전에 언제든 정리되면 바로 연락주셔도 됩니다."

거절을 당했다고 바로 포기하지 말자. 이 단계까지 오게 만든 그동안의 노력을 위해서라도 할 수 있는 데까지 최선을 다하자.

독하지 않으면
매력이 없고

매력이 없으면
승부에서 진다.

독기를 품은
눈빛으로 말하라.

당신의 기세가
승부를 결정한다.

The Art of Conversation

CHAPTER 4

나를 성공으로 이끄는 법칙

01

성공은 3년 안에 결정된다

세일즈를 시작한 사람들은 3년 안에 포기하는 경우가 많다. 대부분 자신이 생각하고 계획한 대로 일이 진행되지 않으니 성과가 나오지 않아 적은 급여로 생활고에 시달린다. 자존심은 떨어지고 근태는 자연스레 무너지고 일에 대해서는 생각도 하기 싫어지니 발전도 없다.

1년을 넘기더라도 정석대로 판매하지 않았던 계약의 고객 민원 때문에 그만두는 경우도 많다. 천천히 성장하더라도 올바르게 정석대로 일해야 하는 이유다. 팀장이나 지점장, 조직 관리자와의 관계에서 발생한 갈등도 이유 중의 하나다.

이렇게 다양한 위기들을 버티고 이겨낸 강한 멘탈의 소유자와 기본에 충실한 사람들만이 롱런할 수 있다. 경험상 성과와 소득은 3년 이후부터 본격적으로 나타나기 시작한다. 초반 3년은 비즈니스를 위한 초석을 다지는 기간이자 투자를 해야 하는 시기다. 처음부터 돈을 벌겠다는 생각은 실현하기도 힘들지만, 만약 해내더라도 더 큰 욕심에 빠져 롱런할 수 없다. 처음 1~2년간은 지식과 경험을 쌓는 시기다. 이 시기가 지나야 기존 고객들을 통해 안정적인 소개가 이뤄지고 3년 동안 쌓아올린 경험과 지식과 기술로 성공 확률이 높아지는 것이다.

만약 세일즈를 선택했다면 일단 3년은 죽었다 생각하고 해야 한다. 만약 버텨낸다면 살아남는 사람들이 떠난 사람들의 몫까지 전부 차지할 수 있다. 죽기살기로 매달려도 정착할까 말까 한 게 세일즈다. 한번 도전해볼까 하는 가벼운 마음으로 임할 거라면, 차라리 처음부터 도전하지 않기를 권한다.

출근이 7할이다

영업은 무조건 아침형 인간이 성공한다. 시간은 한정되어 있고 배워야 할 것과 준비해야 할 것은 많기에 일찍 출근해야 한다. 평일, 주말 구분 없이 소득이 안정권에 도달할 때까지는 매일 자신의 가게 문을 여는 사장의 마음으로 임해야 한다. 사장이 잘 나가지 않는 가게가 잘될 리 없다. 사람 마음은 간사해서 연차가 쌓이고 일을 잘하게 되면 안주하게 된다. 슬슬 지각도 잦아지고 나태해진다. 출근을 안 하는 순간 다른 생각을 하게 되고 자신의 비즈니스와는 점점 멀어지게 된다. 내가 14년째 롱런을 해올 수 있는 이유는 잘될 때나 안될 때나 매일 출근을 했기 때문이다.

출근보다 더 중요한 건 하루를 마감하는 것이다. 오늘 하루를 반드시 돌아봐야 한다. 잘한 일, 잘못한 일, 반성할 일, 내일 해야 할 일, 내일 가장 중요한 일들을 미리 준비하고 퇴근한다. 내일을 정성스럽게 준비해놓은 사람이 다음날 출근을 안 할 리 없다.

성공하는 진리는 과거에나 현재나 미래에나 시간이 지나도 절대 변하지 않는다. 자신의 가게 문을 꾸준히 열고 잘 닫는 것에서부터 시작한다.

내부영업의 중요성

영업은 밖에 나가서 사람을 만나는 외부미팅이 많다 보니 내부 사람에게 소홀해지기 쉽다. 내가 강조하는 건 밖에서 고객들에게 잘하는 것보다 회사 안에서 함께 일하는 동료들에게 잘해야 한다는 것이다.

실적이 높은 A와 B, 두 명의 세일즈맨이 있었다. 매주 지점 미팅 시간에 주간시상을 할 때면 두 사람의 평판이 상반되었다. A가 수상 스피치를 할 때면 사람들에게 축하도 박수도 많이 받았다. 반면 B는 사람들이 축하해주지도 않고 박수도 건성이었다. 왜 그런지 이유를 알아봤더니, A는 자신이 활용하고 있는 세일즈 도구와 자료를 동료들에게 공유하고 있었다. B는 잘 알려주지도 않을뿐더러 알려줘도 수박 겉 핥기 식으로만 알려주고 진짜 노하우는 오픈하지 않았다.

과연 누가 롱런하게 될까? 내 경험상으로는 당연히 A다. A는 관리자로 성장해나갈 수도 있다. 지점 밖에서 고객들에게 인정받아 실적이 높은 것도 중요하지만, 회사 안 동료들에게도 평판 관리, 인맥 관리를 잘해야 한다. 자신의 성공 노하우를 아까워하지 말고 함께 일하는 사람들에게 전부 나눠줘라. 경험상 두 배, 세 배로 더 크게 돌아온다. 진짜 성공한 세일즈맨이란 밖에서나 안에서나 전부 잘하는 사람이다.

사수를 잘못 만나면 벌어지는 일

대부분의 세일즈는 지인의 소개를 통해 시작하게 된다. 그래서 정말 중요한 사수나 관리자들에게 제대로 검증받지 못하고 무턱대고 시작했다가 실패하는 경우가 많다. 제대로 된 사수를 선택하기 위해서는 3가지 방법이 있다.

첫 번째는 팀 미팅이나 지점 미팅을 직접 참관하는 것이다. 세일즈는 기세가 7할이다. 조직의 분위기와 열정, 교육 시스템을 보면 현재와 미래가 보인다.

두 번째는 조직의 중간 업적자들의 직전 3개월간 급여를 확인한다. 허리가 튼튼한 조직이 건강한 조직이다. 소득에 대한 눈높이의 기준점이 될 것이다. 물론 가장 소득이 높은 사람을 롤모델로 삼고 그 실적을 뛰어넘기 위한 노력도 해야 한다.

마지막 세 번째는 반드시 동반 활동을 나가보는 것이다. 가장 확실한 방법은 말이 아니라 현장에서 직접 보고 듣고 느끼는 것이다. 사수가 실제로 잘하고 있는지, 소개받은 비즈니스는 실제로 어떻게 현장에서 이뤄지는지, 내가 일을 하게 된다면 어떤 도움을 받을 수 있는지 사실을 확인하는 과정이다.

이렇게 세 가지를 총 3개의 회사에서 비교하면 바로 한눈에 차이점이 명확하게 드러나게 된다. 회사와 사수는 자신의 인생과 생계가 걸린 중요한 선택인 만큼 친분과 관계에 휘둘려 선택하지 마라. 반드시 이성적으로 합리적으로 판단해 현명한 선택을 하길 바란다.

프로는 오직 숫자로 말한다

세일즈맨에게 "오늘 스케줄을 말해보세요"라고 물었을 때, "저는 최대한 많은 사람을 만나겠습니다"라고 대답한다면, 사실 그날 아무 일도 못 할 가능성이 많다. 아무것도 계획하지 않았기에 이런 대답이 나온 것이기 때문이다. 성공하고 싶다면 목표는 무조건 숫자로 말해야 한다.

"오늘 저는 점심에 서울에서 초회 미팅 2명, 저녁에 일산에서 2차 클로징 1명, 총 소개 확보 6명, 전화 통화 15명 진행하겠습니다."

이게 바로 세일즈맨의 스케줄이자 목표다. 숫자로 정의되어 있지 않은 막연한 말은 절대로 달성할 수 없다. 분명한 하루 목표치를 갖고 그 목표를 달성하도록 노력해야 한다.

세일즈맨에게 퇴근은 없다. 퇴근은 그날 하루의 목표를 전부 달성했을 때 하는 것이다. 만약 3명을 미팅하기로 했으면 마지막 3명을 달성할 때까지 현장에서 움직여야 한다. 실제로 저녁 11시에 목표를 채우기 위한 마지막 1명과의 미팅에서 계약을 해낸 적도 있다. 마지막 목표를 달성하기 위해 지나가는 길에 연락한 사람과 계약을 하거나 소개를 받은 경우도 있었고, 예상하지 않았던 귀인이나 키맨을 만나게 된 경우도 있었다.

결과는 오직 행동으로 얻을 수 있다. 사소하게 연락한 메시지 한 통, 전화 한 통, 미팅 한 번이 쌓여 인생을 바꾼다. 하루가 모여 일주일이 되고 일주일이 모여 한 달이 되고 한 달이 모여 일 년이 되는 것처럼, 성공이란 오늘의 성공에 달려 있다.

만약 오늘 목표를 달성하지 않았다면 내일은 어제 달성하지 않은 숫자만큼 초과 달성을 해야 한다. 부담이 커지기 전에 오늘 목표만 보고 살아가길 바란다.

생각은 습관을 이길 수 없다.
습관은 환경을 이길 수 없다.

고로 생각은 절대로
환경을 이길 수 없다.

지금 당신의 모습이
만족스럽지 않다면
답은 하나뿐이다.

환경을 바꿔라.
벼랑 끝으로.

02

오늘 하루의 마감이 내일 성공을 만든다

14년간 목표를 현실로 이루기 위해 많은 계획을 스케줄러에 적었다. 계획을 실천하기 위해 꼼꼼히 시간을 배분해 메모하고 체크해가며 목표를 달성하기 위해 노력했다. 그동안의 노하우와 경험, 연구하고 고민한 결과 이제는 하루 24시간을 효율적으로 살 수 있게 됐다.

매년 새해가 되면 새로운 스케줄러나 다이어리를 구매한다. 전에는 대부분 쓰다가 중간에 포기하고 마는 것이 현실이었다. 영업에서 시간은 생명인 만큼 효율적인 스케줄링을 통해 하루에도 많은 사람을 만나고 싶었다. 무엇보다 가장 중요한 오늘 해야 할 일을 놓치는 일이 없도록 하고 싶었다. 매일 꼼꼼히 메모하며 적다 보니 스케줄러 한 장 한 장이 쌓여 지금은 대한민국에서 하나밖에 없는 나만의 스케줄러를 만들 수 있게 되었다.

모든 사람에게 똑같이 주어지는 시간을 누가 더 꼼꼼하게 관리하느냐에 따라서 격차는 벌어질 수밖에 없다. 나는 14년간 다이어리를 매일 기록하면서 하루를 돌아보는 일 마감을 했다. 그러다 보니 이제는 하루를 더 쪼개서 하루에 총 4번, 오전·오후·저녁·야간으로 시간 마감을 하고 있다. 인생은 매 순간의 합이다. 시간 단위로 하루를 더 쪼개서 마감하면 일 마감을 할 때보다 더 놓치는 일이 없다. 순간을 더 소중히 최선을 다해서 임하게 된다.

아무리 많은 돈을 주고도 절대 살 수 없는 게 속절없이 흘러가는 시간이다. 자신의 인생을 매일 되돌아보는 마감에 반드시 정성을 들이자. 하루 4번, 1년에 1460번의 시간 마감이 어렵다면 365번 일 마감만큼은 반드시 하자. 자신의 하루에 대해서 자신이 관심을 가져주지 않으면 누가 관심을 가져주겠는가. 더 나은 내일을 위해 오늘 하루를 잘 살아내는 것이 성공이다.

일 마감

하루를 정리하는 시간을 의미한다. 정해진 시간은 따로 없지만 보통 퇴근 전에 실행한다. 조용한 공간에서 자신에게 집중해야 한다. 스케줄러를 꺼내놓고 오늘 해야 할 일을 실행했는지, 빠뜨린 것은 없는지 확인하고, 내일 해야 할 일까지 적는다. 이렇게 오늘을 돌아보고 내일 해야 할 일을 미리 정리하고 생각하는 시간을 갖는다. 그날 만난 사람의 이름 위에는 녹색, 만나기로 했는데 만나지 못한 사람 위에는 노란색, 고객이 된 사람의 위에는 빨간색으로 색칠해 구분하기 쉽게 했다. 연 마감이 다가왔을 때 녹색과 노란색이 칠해져 있는 사람들만 다시 추려서 재상담을 진행할 때 활용하기 위해서다.

일 마감의 최종루틴은 침대에 누워서 휴대폰으로 한다. 첫째로 메모장을 확인하는 것이다. 문득 떠오른 좋은 아이디어나 할 일을 메모한 것 중에서 잊은 것은 없는지 확인하고 다음 날 해야 할 일에 적은 뒤, 실천하면 삭제한다. 적기만 하고 실천하지 않는 아이디어는 무의미하다.

둘째로 오늘의 통화 목록을 확인한다. 전화가 왔는데 받지 못한 부재중 통화라든지, 전화를 받고 연락을 하기로 했는데 깜빡 잊고 하지 않은 전화는 없는지 확인하며, 오늘 하루 동안 어떤 사람들과 연락을 주고받았는지 확인한다.

셋째로 문자 메시지를 확인한다. 요새는 카톡을 많이 사용해서 바로 확인하기 좋지만, 워낙 그룹방에 많이 초대되어 있어 무음으로 해놓는 경우가 많아 잘 확인하지 못할 때도 많다. 내가 연락을 해야 할 때도 일반 문자로 보내면 상대가 확인을 더 빨리 하는 경향이 있다. 물론 스팸 메시지가 대부분이긴 하지만 혹시라도 연락이 왔던 내용이 있을 수 있으니 놓쳐선 안 된다. 한번은 신용카드 사용내역 문자를 확인하다 보니 2만 원이 20만 원으로 잘못 결제되어 있는 걸 보고 다음 날 연락을 해서 보상받은 일도 있었다.

네 번째는 카카오톡 메시지를 확인한다. 대화 내용을 훑어보면서 읽고 대답을 안 한 건 없는지, 중요한 것을 놓친 것은 없는지 확인하고, 친구로 저장되어 있는 사람들의 프로필과 상태 메시지도 확인한다. 새로운 이슈가 있거나 연락을 해야 할 사람을 발견하면 메모장에 적어놨다가 다음날 바로 연락한다.

마지막 다섯 번째로 기상 알람을 예약한다.

이렇게 휴대폰을 통한 마감으로 하루 동안 있었던 전화와 메시지의 모든 내용을 다시 한번 꼼꼼하게 점검하면 작은 일도 놓치지 않을 수 있다.

주 마감

주 마감은 일주일을 정리하는 일요일 저녁시간에 할 것을 추천한다. 이번 주 목표의 달성 여부를 체크한다. 목표관리의 최소 단위는 일주일이다. 일주일마다 실천 여부를 체크하며 스스로를 칭찬하고 반성한다. 달성하지 못한 목표의 내용은 다음 주 목표에 추가한다. 이번 주에 목표를 초과 달성했더라도 다음 주 목표치를 낮추지는 않는다.

일 마감 때 자필 일기를 쓰는 것처럼, 일주일을 정리하면서 주 마감 일기도 쓴다. 이번 주를 반성하는 것도 있지만 다음 주에 어떤 목표를 갖고 살 것인지, 중요한 일정은 무엇인지, 가장 집중해야 하는 것은 무엇인지 체크하고 고민해보는 과정이다. 또한 올해 세웠던 연간 목표를 꼭 되새긴다. 사람은 관심을 갖지 않으면 생각하지 않고 생각하지 않으면 행동하지 않는다. 새해가 되면서 세웠던 올해의 목표들을 일주일에 한 번씩은 꼭 보는 루틴이다.

나는 매주 3건 계약을 달성하기 위해 노력했다. 그 결과 1년 만에 고객을 100명 이상 만들 수 있었고, 빠른 시간 안에 세일즈 지식과 기술을 크게 향상시킬 수 있었다. 같은 1년이라도 그 시간을 어떻게 보냈는지에 따라 격차는 벌어진다. 성공은 시간에 비례하지 않는다. 그 시간 동안 만들어낸 성과가 중요하다.

프로의 세계에서 결과는 과정을 대변한다. '최선' '열심히'라는 단어는 변명일 뿐이다. 결과로만 말하자. 이번 주 목표를 달성하지 못한다면 다음 주 목표도 달성하지 못할 것이고, 이번 달 목표도 달성하지 못한다. 올해 목표 또한 달성하지 못한다.

성공의 시작은 이번 주 목표를 달성하는 것이다. 다음은 없다. 이번 주의 목표는 이번 주에 끝내자. 일주일의 시간은 충분하다. 매주 일요일 저녁 8시, 그 시간에도 현장에 있거나 또는 이번 주 목표 달성을 위해 고민하며 스트레스를 받고 있다면 당신은 반드시 성공할 것이다. 스트레스 없는 성장은 없다.

월 마감

월 마감은 매월 마지막 날에 실행한다. 한 달을 정리하면서 벌어졌던 중요한 결과들을 메모하면서 돌아본다. 다음 달 목표와 더불어 어떻게 살 것인지에 대해 미리 고민하는 시간이다. 이번 한 달 동안 자신이 잘한 점은 무엇이고 부족했던 점, 개선해야 할 점은 무엇이 있는지 자체적으로 점수도 매겨본다. 이번 달 최선을 다했는지 안 했는지 자신은 안다. 다른 사람에게 물어볼 필요가 없다.

다음 달의 삶의 테마도 정해본다. 부족했던 부분을 채우기 위한 주제로 정해본다. 테마에 맞춰 한 달을 집중해보자. 다음 달에 가장 집중해야 할 일, 중요한 일정은 미리 체크하고 놓치는 일이 없도록 한다. 다음 달을 위한 시작은 이미 지난달의 준비로 끝난다.

연 마감

큰 틀은 앞의 일, 주, 월 마감과 같다. 거기에 추가해 올해 내가 이루고 싶은 꿈 9가지를 적는다. 개인, 직장, 가정 등 내 인생에서 이루고 싶은 꿈 중 가장 중요한 3가지씩, 총 9가지를 적는다. 각각의 꿈에 이루고 싶은 달을 옆에 적는다. 날짜를 적는 순간 꿈은 목표로 바뀐다. 꿈과 목표는 다른 개념이다. 꿈은 무한하다. 그래서 늘 다음이 있고 나중이 있다. 목표가 막연하면 달성 가능성이 떨어진다. 반드시 날짜를 적어서 목표로 바꾼다. 그러면 디데이를 셀 수 있다. 국가대표 선수들이 선수촌에서 정해진 올림픽 날짜에 맞춰 매일 최선을 다해 준비하듯, 자신의 올해 목표를 목표한 날짜에 달성하기 위해 오늘 해야 할 일을 실천하고 매일 체크하자.

진짜 부자는 돈이 많은 사람이 아니다. 오직 자신이 이루고 싶은 목표가 많은 사람이 부자다. 해야 할 일이 많으면 지루할 틈이 없다.

연 마감 하는 사람은
월 마감 하는 사람 못 이기고
주 마감 하는 사람 못 이기고
일 마감 하는 사람 못 이기고
시간 마감 하는 사람 못 이긴다.

당신은 무슨 마감을 하는가?
누구를 이길 수 있는가?

03

스케줄러 페이지는 프로의 나이테다

과거는 바꿀 수 없고 미래는 바꿀 수 있다. 고로 현재는 바뀌고 있다. 성공한 인생이란 현재를 제대로 살아가는 것이다. 후회와 미련으로 과거에 얽매여 현재에 집중하지 못하는 사람들이 많고 반대로 오지도 않은 미래의 불안을 앞당겨 현재에 집중하지 못하는 사람도 많다. 현재의 자신에게 집중하지 못하는 안타까운 사람들은 명확한 목표가 없기 때문이다. 행복한 사람은 몰입을 경험하고 있는 사람이다. 자신의 목표 달성을 위해 갖고 있는 모든 역량을 집중해 에너지를 한 곳에 쏟고 있을 때, 자기 자신이 집중하고 미쳐있다는 것조차 인지하지 못하고 있는 상태, 주변 사람들이 알아보고 걱정하면서 먼저 알려주는 상태, 이 상태가 집

14년간 목표를 현실로 이루기 위해 많은 계획을 적어온 스케줄러

중한 상태다.

매일 하루를 정리하면서 자신과 대화해야 한다. 올해 자신이 이루고 싶은 최종 목표를 위해 오늘 달성해야 할 수치에 어디까지 왔는지, 지금 자신의 감정은 어떻고 어떤 생각으로 임하고 있는지. 모든 해답은 자신에게 달려있다. 주변 사람들에게 물어볼 필요가 없다. 다른 사람에게서 해답을 얻으려 하지 마라. 자신에게 질문하라. 나는 어떤 생각을 갖고 오늘을 살았는지, 계획대로 잘 살아가고 있는지 자신과 솔직하게 대화하라.

손글씨로 일기를 쓰면서 자신과 대화하라. 주변과 환경의 이야기가 아닌 자신의 이야기를 적어라. 사는 대로 생각하지 말고,

생각하는 대로 살아라. 생각하고 기록하면서 목표 달성을 위해 집중하라.

성공한 사람들의 성과는 그만큼의 생각한 시간과 노력에 비례한다. 세상에 공짜는 없다. 요행을 바라지 마라. 성공하고 싶다면 오늘, 지금 이 순간을 살아라. 미래도 과거도 아닌 현재를 살아라. 살아 있는 지금 이 순간에 감사하며 자신의 삶을 정리해보길 바란다.

포스트잇 활용

스케줄러의 내일 스케줄과 해야 할 일을 포스트잇에 똑같이 옮겨 적는다. 포스트잇에 오전, 오후, 저녁, 할 일, 전화할 사람을 적는다. 손으로 적어야 암기하기에도 좋다. 또 내일의 일을 미리 예상하고 우선순위를 정할 수 있다. 적고 난 뒤에는 휴대폰 카메라로 촬영해 내일 일과가 궁금할 때마다 본다. 다음날 출근해서는 스케줄러와 어제 해야 할 일을 정성스럽게 적어놓은 포스트잇만 갖고 다니면서 실행할 때마다 동그라미로 체크를 해나간다.

이때 중요한 건 아무리 작은 일이더라도 실행할 때마다 셀프 칭찬을 하는 것이다. 스스로의 가치와 자존감을 높여주는 행동이다. 혹여 실천하지 못한 일은 다음날 일과에 추가해 놓치는 일이 없어야 한다. 행사나 사람을 만나는 미팅의 경우에는 20분 전 알람을 맞춰서 약속시간에도 절대 늦는 일이 없도록 한다.

시각화

꿈은 선명하게 꿔야 현실로 이룰 수 있다. 매년 새해가 시작될 때마다 그해에 달성할 목표들을 글이 아닌 사진으로 만들어 첫 페이지를 장식했다. 중요한 이벤트가 있었을 때는 그때의 실제 사진을 출력해서 해당 스케줄 앞장에 게시했다. 고객분들에게 어떻게 하면 더욱 신뢰를 줄 수 있을까 하는 고민을 하다가, 글보다는 시각적인 사진을 보여주면 좋겠다는 판단에서였다.

한번은 상담을 하던 고객분이 내 스케줄러가 궁금했는지 봐도 되냐고 물으셨다. 기꺼이 보여드렸더니 감탄을 하고 박수까지 치셨다. 하루하루 꼼꼼하게 적혀있는 치열한 스케줄러를 보니 이렇게 자기관리를 잘하는 분이라면 믿고 맡겨도 될 것 같다며 맡겨주셨다.

이런 경험에 상담 후 클로징을 할 때 꼭 내 스케줄러를 보여드리면서 그동안 살아온 이야기, 앞으로 살아갈 꿈에 대해 말씀드렸다. 내 이야기를 들은 분들 10명 중 9명은 무조건 계약을 하셨다. 스케줄러의 페이지가 두꺼워질수록 확률은 더욱 높아져 갔다. 성공이란 다른 사람은 갖고 있지 않은 자신만의 스토리를 매일 써나가는 것이다.

아날로그 감성

시대가 점점 빨라진다. 하루가 다르게 급변해가고 새로운 것도 금방 잊힌다. 이런 때일수록 더욱 그리워지는 게 아날로그 감성이다. 스마트폰의 등장으로 거의 모든 정보를 간단한 터치만으로 볼 수 있다. 일정을 체크하고 할 일을 관리하는 것도 마찬가지다.

하지만 시간의 흔적이 고스란히 담겨있는 종이 위에 연필로 적은 꿈을 보면 보는 이의 마음이 사르르 녹아내린다. 처음 스케줄러를 적기 시작할 때부터 감성의 힘과 꾸준함의 힘을 믿고 있었다. 한 장 한 장이 모여 역사가 될 것이고 신뢰를 줄 수 있는 최고의 무기가 될 것이라는 믿음이 있었다.

시간이 흘러 두께가 점점 두꺼워질수록 스케줄러도 점점 견고해지고 단단해졌다. 그날의 감정을 적은 예전의 일기를 보며 과거를 회상하는 시간을 갖는다. 하루의 소중함을 알고 감사함을 매일 적어보자. 아날로그의 힘은 강력하기에 그 어떤 것으로도 이길 수 없다.

당연히 처음은 힘들 수밖에 없다. 처음부터 조바심을 갖지 말고 간단하게 적으며 일단 시작해보자. 적다 보면 조금씩 요령이 생길 것이고, 성취감을 얻을 수 있으며, 완성할 때마다 성장해가는 자신을 발견하게 되며, 보람을 느낄 수 있다.

군대에 있을 때 소대장을 하면서 병사들한테 가장 많이 들었던 말과 지점장을 하면서 실패한 사람들한테 가장 많이 들었던 말이 똑같다는 걸 발견했다. 그 말은 바로 "아! 맞다"이다.

"○○○일병, 내가 지시한 거 했나?"

"아! 맞다. 소대장님, 깜빡했습니다."

"○○○ 씨, 지시한 업무 다 했나요?"

"아! 맞다. 지점장님, 깜빡했습니다."

병사 출신이나 부하직원을 험담하는 건 아니다. 왜냐면 "아! 맞다!"라는 말을 하지 않고 잘하던 병사들은 전역 후 다양한 분야에서 인정받으며 성장하고 있기 때문이다. 실적이 우수하고 뛰어난 사람들도 "아! 맞다!"라는 말을 하지 않는다. 분야를 막론하고 어디서든 인정받고 성공하는 사람은 사소한 약속을 잘 지킨다는 공통점이 있다.

메모를 하지 않으면 해야 할 일을 잊어버리기 십상이다. 좋은 아이디어나 해야 할 일이 생기면 바로 메모하는 습관을 들이고 실행해야 한다. 신뢰는 약속의 실행 유무에 달려있다. 약속의 크기는 중요하지 않다. 큰 약속보다 작고 사소한 약속을 더욱 잘 지킬 때 신뢰가 생기기 마련이다. 한 번은 실수로 봐줄 수 있지만, 두 번부턴 실력이다. 세 번째엔 더 이상 기회가 찾아오지 않는다.

오늘 당신의 하루의 모습은 10년 전 당신이 보낸 하루의 결과다. 10년 뒤의 밝은 미래를 기대한다면 오늘부터라도 시간관리를 해보자. 계획 없이 보내기엔 당신의 인생은 너무나 소중하다.

목표가 없는 사람은
시간이 남아돌고

목표가 있는 사람은
시간이 부족하다.

같은 시간이라도
밀도가 다르다.

04

성공하는 영업자와 자영업자의 공통점

영업(營業)과 자영업(自營業), 한 글자 차이지만 완전히 다른 단어다. 하지만 알고 보면 또 비슷한 점도 많다. 가장 큰 공통점은 하는 만큼 돈을 번다는 점이다. 잘하면 많이 벌지만 못하면 못 번다. 직장인들보다 더 못 버는 경우도 많다. 영업과 자영업 모두 다음 달 소득에 대한 예측이 불가능한 일이다. 그럼에도 불구하고 이 일을 하는 사람들은 도전해서 앞으로 나아간다. 자신을 관리하지 못하는 사람은 100% 망할 수밖에 없다. 모든 선택에 대한 책임은 자신이 진다.

아내와 항상 처음 가는 음식점에서 5분 안에 서로 하는 말이 있다. “여기 재방문각?” 둘 다 “예스” 하면 만족했으니 다음에 또 오자는 것이고, 만약에 한 명이라도 “노”라고 하면 다시는 그 가게를 방문하지 않는다.

손님은 보통 네 가지 부류다. 처음 오고 다시 방문하지 않을 손님, 다시 방문하지 않으면서 주위 사람들에게도 맛없으니 가지 말라고 하는 손님, 다시 방문하는 손님, 다시 방문을 하면서 주위 사람들에게도 맛집이라고 홍보해줄 손님이다.

이렇게 나뉘는 데는 음식의 맛도 중요하지만 손님을 응대하는 주인과 종업원의 서비스나 가게의 분위기가 50% 이상 영향을 미친다. 솔직히 요즘은 맛이 없는 음식점이 없을 정도로 맛은 대부분 상향 평준화되어 있다. 맛은 비슷하더라도 서비스가 좋거나 손님 응대가 좋으면 다시 찾게 된다. 결국 기-승-전-사람이다.

눈에 보이는 걸 팔든 보이지 않는 걸 팔든, 무엇이든 사람이 사람에게 파는 것이다. 영업이나 자영업을 한다면 사람을 대하는 태도를 배우지 않고 성공을 바라면 안 된다. 세일즈맨으로서 내가 생각한 성공하는 세일즈맨의 성공 비결과, 세일즈를 하며 만난 성공한 자영업자의 성공 비결은 의외로 공통점이 많았다. 성공하는 영업자와 자영업자의 공통점 5개를 정리해봤다.

삶의 1순위를 일에 둔다

인생은 우선순위가 결정한다. 시간은 한정되어 있고 어떤 일을 먼저 하느냐에 따라 결과는 달라진다. 매 순간 현명한 선택, 좀 더 나은 선택을 해야 하는 이유다. 자영업을 시작하는 이유는 각자 다양하겠지만 대부분은 직장인보다는 더 나은 소득을 벌고 싶어서다. 과거에 성공했던 경험이나 근거 없는 자신감으로 겁 없이 뛰어드는 사람이 대부분이다. 실패하면 시간도 허비하고 감정도 안 좋겠지만, 가장 큰 위험은 사업을 시작할 때 들인 투자금을 날리는 것이다. 그래서 자영업은 더 신중하게 고민하고 잘 알아봐서 선택해야 한다. 아무나 도전하지만 누구나 성공할 수 없는 게 자영업이다.

영업도 마찬가지지만, 자영업에 비해 초기 투자금이 들어가지 않는 것은 장점이자 어찌 보면 더 큰 단점이다. 그만큼 더 절박하지 않기 때문이다. 그래서 조금 하다가 힘들면 쉽게 포기하고 만다. 돈이 들어가지 않았으니 크게 잃을 게 없다고 착각하는 것이다.

영업이든 자영업이든 함부로 도전하지 말아야 한다. 자신의 인생에서 1순위를 일에 두고 임했을 때도 성공할까 말까 하다. 누구나 쉽게 성공한다면 모두가 억대연봉을 선망하는 현실은 오지 않았을 것이다. 하루 24시간 중 수면에 4시간을 제외하고 20시간을 비즈니스에 몰입해야 한다. 20시간을 공부하고 보완하고 노력하는 행동을 매일, 최소 3년간 반복했을 때 겨우 정착이라는 안정권에 들어갈 수 있을까 말까다.

1~2년은 신입이다. 3년은 버텨라. 대부분이 이 3년을 버티지 못하고 포기하고 만다. 자영업의 진짜 시작은 3년 이후부터다. 처음부터 돈을 계산하고 이익을 따져선 안 된다. 나의 가게를 좋아해주고 찾아와주는 진성고객을 만들어라. 돈은 고객의 입소문을 통해 천천히 찾아온다. 안정권에 정착할 때까지 삶의 1순위는 무조건 일에 둬라.

실행력이 빠르다

생각을 하는 건 안 하는 것보단 낫지만, 생각이 너무 많은 것도 좋지 않다. 생각의 가치는 행동으로 결정된다. 처음부터 완벽한 것은 없다. 빠른 실행을 통해 시행착오를 거치며 보완하고 다시 실행하는 것이 중요하다. 성공한 사람들은 엄청난 실행력을 갖고 있다. 일단 좋은 아이디어가 떠오르면 바로 실행부터 한다. 실제로 적용하고 실천하면서 예상하지 못했던 문제점을 발견한다. 그것을 보완하고 다시 도전하는 방식으로 성공 확률을 높여간다.

생각이 많은 사람은 머리로만 계산한다. 시간과 공을 들인다고 해서 머리로 생각한 결과가 반드시 맞는 것도 아니다. 오히려 빠른 실천을 통해 결과를 보완하는 게 훨씬 현명한 선택이다.

실행력이 빠르다는 것은 시간을 아낀다는 말이기도 하다. 인생은 속도전이기에 머리로 고민하고 생각만 하기보단 실행을 통해 현실을 빠르게 깨닫는 게 훨씬 효과적이다. 내가 생각만 하는 동안 성공하는 사람들은 이미 실행해서 앞서나가고 있다는 사실을 명심하라.

사람 관리에 능하다

자영업 성공의 본질은 결국 사람이다. 모든 비즈니스가 똑같다. 사람이 가장 중요하다. 잘되는 가게는 공기부터 다르다. 직원들의 사기는 올라가 있고 긍정의 기운과 밝고 활기찬 에너지가 가게를 꽉 채운다. 사장이 직원을 고객처럼 모시면 대접받은 직원은 행복한 기분을 똑같이 고객에게 전파한다. 긍정의 선순환이자 성공 에너지의 감염이다. 성공하는 사람들은 자신과 함께 일하고 있는 사람들에게 진실로 최선을 다한다. 밖에서는 실력으로 인정받지만 가정에서는 최악의 아버지이거나 아들이라면 성공한 삶이 아닌 것처럼, 고객에게도 잘해야 하지만 함께 일하는 동료들부터 먼저 잘 챙기고 보살펴야 진짜 성공한 비즈니스다. 사람과의 관계에 있어서도 소통만 잘 이루어지면 대부분의 오해는 해결되기 마련이다.

대화가 없어지고 만남이 뜸해지고 함께하는 시간이 줄어들수록 작은 일도 괜히 커지기 마련이다. 따로 시간을 갖고 면담을 갖는 것보다는 늘 실시간 소통으로 대화의 장을 마련하자. 언제든지 편한 분위기 속에서 고민과 걱정거리를 말하고 서로 응원해주는 문화를 만드는 것이 중요하다.

사람 관리의 핵심은 신(身)상파악이 아닌 심(心)상파악이 답이다. 성공한 사람들은 더 큰 이익을 얻는 거래를 해서가 아니라 더 많은 사람의 마음을 얻어서 성공할 수 있었다.

투자를 아끼지 않는다

성공한 사람들은 자신의 성장에 절대로 돈을 아끼지 않는다. 그 돈을 투자함으로써 그 이상의 수익을 거둘 수 있다는 믿음이 있기 때문이다. 성공한 사람들의 노하우를 무료로 얻고자 하는 얄팍한 마음을 갖고 있는 사람은 절대로 성공할 수 없다. 뭐든지 쉽게 얻으면 쉽게 잃는 법이다.

성장하기 위해 보내온 시간과 시행착오, 에너지, 감정 등을 돈으로 사서 자신의 것으로 만드는 건 너무나도 합당한 투자다. 성공한 사람들은 자신의 성장에 도움이 된다면 절대로 돈을 아끼지 않는다. 자신뿐만이 아니라 함께 일하는 사람들의 성장을 위해서라면 교육이든 지원이든 아끼지 않는다. 투자를 아까워하는 순간 정체되고, 계속 성장하는 다른 사람들에게 뒤처지기 마련이다. 더 나은 환경과 시스템을 통해서도 더 좋은 서비스를 제공함으로써 고객의 만족도도 높인다.

비즈니스 성공의 3단계는 "정성-만족-소개"로 이어진다. 고객에게 쏟는 정성은 자신의 비즈니스에 대한 투자다. 이는 고객의 만족이 되고, 새로운 고객의 소개로 이어진다. 선순환의 반복은 더 나은 결과를 만들어낸다. 투자를 하지 않으면서 성장하길 바라지 마라.

이 말을 꼭 해주고 싶다. 이 말은 사실 영업에서도 마찬가지다.

"**자**신의 **영**혼을 갈아넣을 자신이 없다면 **업**으로 삼지 마라."

장사가 잘되는 가게와
성과를 잘 내는 지점은
입구에서부터 공기가 다르다.

일하는 사람들의 열정과
뜨거운 에너지, 높은 텐션으로 활기차다.

다행히 긍정이 부정을 앞서서
기운이 안 좋던 사람도 바뀐다.

이것이 긍정적인 환경이 중요한 이유
좋은 말과 생각만 해야 하는 이유다

리더라면 공기에 목숨을 걸어야 한다.

05

온라인으로 영역을 넓히는 퍼스널 브랜딩

SNS가 없던 과거에는 누구든 대면해서 만나기 전까지 모르는 사람이므로 상대에게 신뢰를 얻을 수 없던 시대였다. 지금은 다양한 매체를 통해 자신을 브랜딩해서 신뢰받을 수 있다. SNS가 없던 시절과 있던 시절을 전부 경험해본 사람으로서 말할 수 있는데, 지금은 단군 이래 돈을 벌기 가장 좋은 환경이다. 그럼에도 활용을 잘하는 사람들보다 활용하지 못하는 사람이 더 많다. 이 차이는 결국 실행력과 지구력에 달려있다.

나는 컴퓨터나 촬영, 영상편집 기술과는 완전히 거리가 먼 사람이다. 그럼에도 유튜브에 매일 영상을 찍어서 올렸다. 주제는 나의 본업과 관련된 세일즈 정보와 노하우로 정했다. 14년간의 경험으로 성과만큼은 자신 있었기에, 영상의 완성도는 포기하더라도 내가 세일즈로 성공할 수 있었던 다양한 팁을 하루에 한 편씩 매일 올렸다. 주말을 제외한 평일에 한 편씩 주 5회 업로드를 1년 이상 꾸준히 하니, 사진도 아닌 영상을 매일 올리는 '짐승 같은 성실함'을 인정하고 댓글로 응원해주는 구독자가 생겨났다.

유튜브 3년 차인 지금까지 영상 '떡상'은 없었다. 그럼에도 매일 한 자리 숫자로 늘어난 구독자로 현재 1만 5천 명의 진성 구독자를 만들게 되었다. 매월 유튜브 수익은 통신비를 낼 정도밖에 되지 않는다. 하지만 처음 유튜브를 시작했던 본래의 목적은 초과 달성했다. 게다가 영상으로 영업직 특별채용 공고를 올리자, 회사가 아닌 나에게 신뢰를 갖고 채용문의를 주신 분들을 리크루트함으로써 현재의 조직을 만들어낼 수 있었다. 그렇게 2명으로 시작한 영업자는 현재 500명까지 늘어났고, 지금도 매월 채용문의가 이어지고 있다.

또 얼마 전 '세일즈로 돈 버는 법'이라는 주제로 온라인 클래스를 오픈했는데, 예상보다 훨씬 많은 분이 결제를 해주셔서 기대하지 않았던 큰 수익을 얻게 되었다. 매월 오프라인 강의를 통해서도 구독자분들과 소통하고 만남을 이어가고 있다.

3년의 시간 동안 포기하지 않고 꾸준히 영상을 올린 노력의 보상을 이제 받고 있는 것이다. 물론 수익화로 이어져 기분이 좋은 건 사실이나 그동안의 노력이 헛되지 않았다는 걸 인정받은 것에 더욱 기쁘다. 평범한 사람이 특별하다고 평가받게 되거나, 특별한 사람과 경쟁해 이길 수 있는 방법은 꾸준함뿐이다. 반복에 지치지 않는 자가 강한 자다. 그 반복이 3년이 되었을 때 반드시 긍정적인 결과가 나오기 마련이다.

그러니 인스타그램이든 유튜브든 꾸준하게 올려보자. 나는 인스타그램에 매일 평균 3개 이상의 게시물을 올리고 있다. 게시물을 올리기 위해서는 생각을 해야 한다. 게시물을 많이 올린다는 건 그만큼 생각도 많이 한다는 말이다. SNS의 시작은 자신을 제대로 아는 것에서부터 시작이다. '나'라는 사람에 대해서 명확한 정의를 내려야 한다. 무엇을 좋아하고 무엇을 잘하고 무엇에 관심이 있는지, 하나하나의 물음에 대한 답을 적어보자.

처음부터 완벽함이란 없다. 매일 게시물을 올리고 피드백을 받고 보완하고 성장해나가자. 반응이 좋은 게시물과 그렇지 않은 게시물의 차이를 공부하며 확률도 높여가자. 이때 중요한 건 좋아요 수와 댓글에 너무 연연하지 않는 것이다. 왜냐면 SNS 세계에선 표현하는 사람이 소수이고 표현하지 않는 사람들이 더 많기 때문이다. 그들은 좋아요나 댓글로 표현하지 않고 계속 눈팅만 하다가, 목적이 생기거나 필요할 때가 되면 반드시 연락을 한다. 그 신뢰가 쌓이기까지도 최소 3개월의 기간이 필요하다. 다른 사람의 눈치는 보지 말고, 댓글 반응에 위축되지도 말고, 온라인 일기를 써가듯 매일 자신을 SNS에 남기자.

웬만큼 큰 범죄나 실수를 저지르지 않는 한 SNS의 팔로워는 올라갈 일만 있지, 내려갈 일은 없다. 매월 월 마감을 하면서 한 달 동안 늘어난 팔로워 숫자도 체크해보자. 올라가는 재미도 생기고 조금씩 자신감이 쌓이면서 목표도 생긴다. 모든 분야에서도 마찬가지지만 사람들로부터 인정받는 최고의 방법은 꾸준함이다. 그만큼 꾸준함이란 어려운 것이기 때문이다. 앞에서도 말했지만 몇 번을 반복해도 과하지 않다. 편안하고 싶은 본능과의 싸움에 이겨낸 일이기 때문이다. 꾸준함은 독한 마음 없이 쉽게 이뤄낼 수 없는 능력이다. 자신을 세상에 멋지게 브랜딩하고 싶다면 일단 꾸준함이라는 체력부터 키워라. 완성도는 그 이후의 문제다.

꾸준함이 브랜딩을 위한 실천 동력이라면, 다른 사람에게 도움을 줄 수 있는 능력은 그 진행 방향이다. 본능을 만족시키든, 욕구를 충족시키든, 재미를 선사하든, 정보를 제공하든, 사람들에게 도움이 되는 걸 제공할 수 있다면 팔로워를 만들어낼 수 있다. 내가 생각하는 최고의 강의란 좋은 정보를 재미있고 즐겁게 전달하는 강의다. 나는 도움이 되는 정보를 전달하는 이성적인 내용을 올리면, 다음은 반드시 재미와 감동을 선사하는 감성적인 내용을 준비한다.

상담을 할 때도 늘 이성과 감성의 밸런스를 가장 중요하게 생각했다. 전문성을 바탕으로 도움을 준다고 해서 이성적인 자료와 숫자만 계속 이야기하면 상대방은 집중력이 떨어져 따분함을 느끼게 된다. 그래서 이성적인 부분을 이야기했으면 반드시 다음은 감성적인 스토리텔링으로 화제를 전환해줘야 한다. 내가 세일즈라는 조금은 딱딱하고 생소한 분야에 사람 냄새가 나는 가족 이야기 등 감성적인 내용을 일부러 올리는 이유이기도 하다. 일에 있어서는 완벽해 보이나 일상에 있어서는 허술한 사람에게 더 정이 가고 끌리는 법이다.

먼저 자신의 분야에서 전문가답게 올바른 내용을 알려주고 도움을 줄 수 있는 사람이 되자. 그러고 나서 자신의 정보를 통해 다른 사람이 성장하고 도움이 되기를 바라는 마음으로 공유하자.

팔로워들도 안다. 가르치려고 하는 사람보단 진심으로 도움을 주려는 사람에게 더 끌린다는 것을. 진심은 통하는 법이다. 도움을 줄 수 있고 인간적인 감동과 매력도 전할 수 있는 사람이라면 사람들은 당신을 진실로 좋아하고 응원하게 될 것이다. 나 또한 이 방법으로 지금까지 성장해왔기 때문이다.

단군 이래 영업으로
돈 벌기 가장 쉬운 시대다.

같은 환경과 무기지만
왜 차이가 나는 걸까.

차이는 시스템을 아는 것과 모르는 것.
영업은 시스템이다.

06

고객에게 더 특별한 존재가 되는 노하우

계약 전보다 계약 후에 더 잘해야 한다

진정한 사랑이란 사귀기 전보다 사귄 뒤에 더 잘하는 것이다. 성공한 세일즈도 고객이 되기 전보다 고객이 되고 난 후에 더 잘하는 것이다. 우리나라에서 영업, 세일즈라고 하면 부정적인 인식이 강하다. 비전문적이고 오래 일하지 않아 계속 바뀌는 담당자 등 실제로 겪은 부정적인 일 때문일 수도 있다. 이런 부정적인 인식 중 가장 대표적인 건 세일즈를 할 때는 을의 입장에서 부탁을 하더니, 고객이 되고 난 뒤에는 태도가 180도 변하는 세일즈맨 때문이기도 하다. 그래서 계약 전보다 계약 후에 잘하는 것이 더 중요하다.

내가 했던 고객 관리의 핵심은 매주 연락하는 것이다. 고객 관리를 위해 가장 좋은 방법은 자주 만나는 것이지만, 고객이 수백 명이 넘게 되면 정기적으로 만날 수 없기에, 차선책으로 매주 전화를 했다. 고객이 7명이면 하루에 1명, 고객이 70명이면 하루에 10명, 고객이 210명이 되면 하루에 30명이다. 이 행동을 2년 6개월 동안 반복했다. 어떤 일이 발생했을까? 고객들과 금방 친해져 자동적으로 소개가 나왔다.

매주 꾸준하게 연락하는 영업자에게 신뢰를 갖지 않을 고객은 없다. 오랜만에 보더라도 전혀 어색하지 않다. 꾸준히 통화를 했기 때문이다. 원래 알던 사람은 아니지만 고객이 되고 나서 지인 또는 가까운 친구가 되도록 만든다. 물론 매주 하는 연락을 부담스러워하는 사람도 있다. 그런 사람들은 한 달에 한 번 연락하는 식으로 따로 관리했다. 기존에 연락하던 방식에 더해 이제는 카카오톡이 있으니 문자 메시지 외에도 영상 메시지나 음성 메시지 기능 등 연락하는 방법도 다양하고, 선물도 편하게 보낼 수 있다. 디지털 기술이지만 아날로그식 감성을 담아서 마음도 전할 수 있다. 손으로 적은 편지를 직접 전할 필요 없이 사진을 찍어 이미지로 보내기도 하고, 1년에 하루뿐인 고객의 생일에 생일 축하 노래를 불러 녹음해서 보내기도 했다. 솔직히 민망하고 오그라들지만 누구나 보내주는 흔한 기프티콘보다, 목소리로 전하는 축하 노래를 듣고 감동받지 않는 고객은 없다.

요일마다 컨셉을 잡고 연락하는 방법도 좋다. 재밌는 이야기. 좋은 글귀, 사주 운세, 기상정보, 신문기사 등 자료를 구하기도 쉽고 정기적으로 보내줄 내용도 많다. 핵심은 한 번 시작했으면 끝까지 해야 한다는 것이다. 도중에 멈추면 애초에 시작을 안 한 것만 못하다. 시작했으면 끝까지 하자.

고객이 읽기만 하고 대답이 오지 않더라도 아쉬워하거나 신경 쓰지 마라. 계속 눈으로 확인하고 있다는 게 중요하다. 시간이 지날수록 신뢰는 계속 쌓이고 있으니, 고객이 반응하지 않는 것보다 내가 멈추는 것을 더 걱정해야 한다. 연애에서도 좋아하고 사랑하는 마음을 말이나 행동으로 표현하지 않으면 상대방은 모른다. 관심은 행동으로 표현으로 완성된다. 수많은 사람 중에서 나를 믿고 선택해준, 너무나 고맙고 감사한 고객들에게 정기적으로 계속 연락하고 표현하라.

자투리 시간도 고객을 위해 활용하라

더 많은 사람과 만나고 연락하기 위해 시간관리는 필수다. 자투리 시간도 잘 활용하면 고객관리까지 해낼 수 있다. 세일즈맨은 대부분 이동할 때 운전을 많이 한다. 물론 지하철과 버스 등 대중

교통을 이용할 때도 많다. 나는 이렇게 이동할 때 반드시 하는 것 3가지가 있다.

첫째는 오늘 상담할 내용을 미리 말로 시뮬레이션 하는 것이다. 사람은 없지만 실제 오늘 만날 사람이 앞에 있다고 생각하고 처음 만났을 때부터 어떤 식으로 대화를 이끌어갈지 리허설을 한다. 이렇게 미리 입을 풀고, 주제나 내용에 대해 연습을 한다. 하고 안 하고의 차이는 크다.

둘째는 고객에게 전화를 걸어서 통화를 하는 시간으로 활용한다. 통화의 핵심은 긍정적인 에너지를 전달하는 것이다. 지점에서 큰소리로 전화를 하면 다른 사람의 눈치도 보이니 마음놓고 통화를 하기가 어렵다. 운전을 할 때는 외부에 있으니 신나는 노래를 들으며 텐션을 끌어올린 뒤에 전화를 한다. 그러면 그 기운이 그대로 유선으로 전달된다. 이렇게 즐겁게 전화를 하면 텐션이 떨어져 있던 고객도 같이 즐거워한다. 어차피 도로 위에서 운전하면서 흘려보내야 할 시간에 고객에게 전화를 하면서 안부를 묻고 친분을 쌓았다. 일로 대하는 사이가 아니라 지인과 편하게 통화하듯이 고객을 친구처럼 대했다. 이렇게 전화를 하면 고객관리를 하는 효과도 있지만, 오랫동안 얼굴을 보지 못하더라도 어색해지지 않고 신뢰를 얻을 수 있으며, 운이 좋으면 소개도 받는다.

마지막 셋째는 퇴근하면서 저녁에 같이 일하는 동료들과 통화를 한다. 후배, 동기, 선배, 관리자분들께 전화를 한다. 같은 업계에 있으니 누구보다도 고충을 잘 아는 사람들끼리 서로 위로하고 칭찬하고 응원하는 치유의 시간이다. 후배들에게는 용기를, 동기들에게는 안부를, 선배와 관리자분들께는 조언을 들음으로써 자연스럽게 평판 관리도 할 수 있다. 세일즈로 성공하고 싶다면 미팅을 하지 않는 시간의 단 1분이라도 허투루 사용해선 안 된다.

VVIP는 특별하게 대우하라

고객 중에서도 어느 정도 등급이 나뉠 수밖에 없다. 비행기를 탈 때도 1등석과 2등석이 구분된 것처럼, 그만큼의 값을 더 지불했으니 당연한 일이다. 세일즈에서도 반드시 고객 등급을 나눠서 차등 관리해야 한다. 감사하는 마음은 같지만, 큰 금액으로 가입한 고객들은 그만큼 특별한 관리를 해드리는 것이 그들에겐 당연한 대우다.

그리고 고객 중에서 반드시 키맨이 생기기 마련인데, 나는 이런 분들에게 키맨 임명장을 제작해서 소정의 금액과 함께 키맨 임명식을 가졌다. 재미를 선사함도 있지만 어떻게 보면 약간의 책임감과 부담감도 함께 제공한 것이다. VVIP 고객들과 키맨들이 다 같이 만나서 교류하고 소통하는 시간도 가졌다. 나에 대해 누구보다 잘 알고 응원하는 사람들을 서로 소개해주고 그들끼리 관계를 맺게 했다. 어떻게 하면 더 잘되게 해줄 수 있을까 고민해주는 모습을 볼 때만큼 기쁘고 행복할 수가 없었다. 함께 식사도 하고 술도 한잔 기울이고 여행도 같이 간다. 이런 든든한 파트너들이 많아질수록 사업은 안정권에 들어설 수밖에 없다.

가끔은 이분들을 위해 자체 캠페인도 건다. 휴가 시즌인 7, 8월에 소개를 많이 시켜준 사람에게 선물을 지급하는 등의 경쟁도 붙인다. 영향력이 있는 사람들일수록 욕심과 승부욕도 있기 때문에 캠페인 비용을 투자하는 것 이상의 결과를 얻을 수 있다.

가장 중요한 건 자신의 분야에서 열심히 최선을 다해서 사는 것이다. 키맨과 VVIP 고객 또한 열심히 사는 사람을 좋아하고 응원하기 때문이다.

세일즈는 하는 만큼 벌 수 있다고
많은 사람이 도전하지만

편하고 싶은 만큼 편할 수 있어
대부분이 실패한다.

The Art of Conversation

CHAPTER 5

인간은 관계로 성장한다

01

이익보다 고객의 마음을 얻어라

"신상파악을 하지 말고 심상파악을 하라."

앞에서 이야기한 '심상파악'을 하라는 말은 소대장으로 자대 배치를 받은 뒤 대대장님으로부터 처음 들었던 말씀이다. 교육훈련, 부대관리, 병력관리 중에서 가장 중요한 것은 병력관리다. 아무리 교육을 잘하고 부대 운영을 잘하더라도 인명사고가 발생하면 모든 게 끝나기 때문이다. 심상파악은 학력, 가족관계, 거주지 등의 객관적 사실을 파악하는 것이 아니라 현재 소대원의 고민과 마음의 상태를 같이 공감하라는 의미였다. 이 말은 군대에서 소대장을 하는 동안은 물론 전역 후 보험영업, 팀장, 지점장, 사업단장이 된 지금까지도 내 가슴속에 자리 잡은 나의 좌우명이다.

사람의 마음을 읽을 수 있는 가장 좋은 방법은 무엇일까? 상대방의 눈을 바라보는 것이다. 무의식적으로 나오는 행동이나 목소리에서도 현재의 심리상태가 나타나지만, 가장 확실한 건 눈빛이다. 기분이 좋은 사람, 고민이 있는 사람, 불안한 사람, 행복한 사람, 즐거운 사람 등 현재 자신의 멘탈과 심리상태가 그대로 투영되는 건 눈빛이다.

영업 2년 차, 초등학교 영양사 선생님을 상담할 때였다. 나보다 한 살 적은 여성분이었고 두 번을 거쳐 세 번째 만남이었다. 이번에는 계약을 체결하기 위해 클로징을 해야 하는 중요한 미팅이었다. 카페에서 만나 상담을 진행하려고 하는데, 왠지 처음부터 기분이 좋아 보이지 않았다. 1시간 정도 2차 상담 때 했던 재무상태를 분석해드리고 준비해온 제안서를 꺼내 설명을 해드리는데, 상담 내내 선생님의 눈빛이 근심이 가득하고 집중을 못 했다. 직전과는 다른 모습이었다. 이대로 상담을 진행하면 계약은 할 것 같았는데, 분명히 멈춰야 할 것 같다는 생각이 들었다. 그래서 과감히 책상 위의 노트북과 제안서, 준비해온 계약서를 과감히 정리했다. 그리고 선생님께 차분히 물었다.

"선생님, 무슨 일 있으세요? 오늘은 상담을 할 때가 아닌 것 같아요.

계약 안 하셔도 되니까 무슨 일이 있으시면 허심탄회하게 하소연이나 하고 가세요."

속마음은 사실 아니었지만 어쩔 수 없었다. 선생님은 당연히 별일 없다고 했지만, 눈빛이 그렇지 않다고 말하고 있었다. '지금 나는 상담이 머릿속에 들어오지 않아요'라고 말이다. 잠깐의 적막이 흐르고 잠시 뒤 선생님이 말했다.

"사실 오기 전에 결혼을 전제로 만나던 남자친구랑 헤어졌어요. 그래서 좀 힘드네요."

역시나 예상대로 좋지 않은 일이 있었던 것이다. 선생님의 얘기를 듣자마자 나는 놀라움과 미안한 마음이 앞섰다. 왜냐면 수많은 경험상 대부분의 고객은 이런 안타까운 일이 벌어지면 문자 메시지로 약속을 취소하거나 좀 더 예의 바른 분이라면 전화로 약속을 깨는 게 당연한데, 이 선생님은 약속을 깨지 않고 나를 만나러 와준 것이다. 속상한 일을 겪었음에도 불구하고 와준 마음이 너무나 감사했다. 그래서 슬퍼하고 힘들어하는 선생님의 기분을 진심으로 좋게 만들어주고 싶었다.

"선생님, 일단 나가시죠. 바람 쐬러 가요."

그래서 간 곳은 한강이었다. 나도 서울에 올라와서 유람선을 타본 적이 없었는데 눈에 띈 유람선을 선생님이랑 처음으로 타게 되었다. 온전히 기분전환을 해주겠다는 마음이었다. 처음 타보는 유람선에 즐겁기도 했지만, 무엇보다 선생님을 웃게 만들어드리려고 노력했다. 1시간 정도 시간이 지나고 나니 처음보다는 확실히 기분이 나아진 것 같았다.

그리고 저녁식사를 하러 갔다. 선생님은 나의 노력에 감사하다며 저녁식사는 자신이 대접하고 싶다고 했다. 식사를 시작하려고 하는데 조금은 나아진 얼굴로 이렇게 말해주셨다.

"어차피 30만 원 정도는 저축하려고 했었어요. 형준 씨 믿고 할게요. 이렇게 노력해주시는 모습을 보니 믿음이 가네요."

나는 기쁜 표정의 얼굴을 숙인 채 칼질을 시작했다. 그날의 칼질은 아직도 잊을 수 없다. 확실히 선생님은 나의 노력에 감동을 받으신 것 같았다. 마음을 움직였기 때문이다. 만약 그날 계약 이야기만 했더라면 계약은 받을 수 있었겠지만 마음까지는 얻지 못했을 거란 생각이 들었다. 무엇보다 계약보다 더 중요한 이 선생님의 지인 소개도 제대로 받지 못했을 것이다. 하지만 선생님의 마음을 얻었기에 진심으로 나를 도와주고 싶다며 동기 3명을 소개받았고, 그 자리에서 직접 전화까지 해주셨다. 덕분에 소개받은

3명 중 2명을 고객으로 모실 수 있게 되었다. 더욱 좋은 일은 시간이 지나 그 선생님은 헤어졌던 남자친구와 다시 만나서, 결혼까지 하게 되었다.

내가 노력한 것은 단지 내 입장이 아닌 상대방의 입장에서 한 번 더 고민했을 뿐이다. 신상이 아닌 심상을 파악하려고 노력했던 것이다. 사람의 마음을 얻는 일은 어려워 보이지만 한편으론 그렇게 어렵게 생각할 필요도 없다. 상대방의 눈을 바라보고 눈치를 보고 배려하고 진심으로 경청하고 함께 공감하면 된다. 해줄 수 있는 모든 걸 총동원해 노력하면 상대방도 그 진심을 알게 된다.

마음을 얻은 순간, 신뢰를 얻는 순간 상품은 중요한 게 아니다. 사람을 상대하는 세일즈에서의 좋은 실적을 내고 싶은가? 답은 간단하다. 상대방의 마음을 얻는 순간 모든 것을 얻을 수 있다.

111 성공법칙

1시간 더 일찍 출근하기.

1분간 자신과 대화하기.

1명만 더 만나기.

1명 더 통화하기.

1명 더 친해지기.

02

당신의 성공은 영원할 수 없다

본사가 아닌 필드에서 세일즈의 길은 크게 두 가지 부류가 있다. 세일즈를 할 것이냐, 아니면 세일즈맨들을 교육하고 지원하는 관리자가 될 것이냐. 나도 처음에는 세일즈부터 시작을 해서, 평생 세일즈만 하며 1000명의 고객님을 모시는 게 꿈이었다. 그런데 어느 날 보니 팀장님이 지점장이 되고 나서 엄청난 연봉을 받게 된 것을 보고 당연히 자극을 받았다. 그분을 롤모델로 삼아 똑같이 그 길을 따라가고 싶었다. 아무리 잘해도 매달 개인의 세일즈 실적에는 한계가 있는데, 관리자는 조직 인원이 늘어나면 늘어날수록 소득도 높아지기 때문이다.

세일즈맨과 관리자의 성공비법은 결이 완전히 다르다. 세일즈맨으로서 달리는 경주마가 될 것인가, 관리자로서 그 말을 이끄는 기수가 될 것인가의 차이다. 관리자로 성공하기 위한 요건은 여러 가지가 있지만 그중에서 단연 1순위는 리크루트다. 사람이 있어야 교육을 시키고 관리를 하고 동기부여를 할 수 있기 때문이다.

관리자의 꿈이 없더라도 반드시 자신이 하고 있는 분야에 사람을 채용해야 한다. 세일즈는 외로운 직업이다. 단거리 싸움이 아닌 장거리 마라톤이다. 기쁠 때나 슬플 때나 함께 뛰어줄 페이스메이커가 필요하다.

채용 시에 금전적인 수당 혜택보다도 자신을 통해 입사한 사람이 있을 때 막중한 책임이 생기는 게 더 큰 장점이다. 자신이 하나라도 더 알려주기 위해서, 단순히 먼저 시작한 선배가 아니라 그만큼의 경험으로 더 잘하는 선배가 되기 위해서 스스로 노력하기 때문이다. 사람은 누군가에게 자신의 지식을 알려줄 때 자존감 향상을 통해 성장하는 법이다. 관리자가 시키지 않아도 선배로서 공부하고 성장을 게을리하지 않게 된다.

지나치게 부담을 가질 필요도 없다. 자신을 통해 입사했다고 해서 그 사람의 인생 전부를 책임질 수는 없는 노릇이다. 할 수 있는 만큼 지원을 했음에도 바꾸지 못하고 실패하는 게 안타깝지만 이것이 현실이다. 나로 인해 세일즈를 시작한 사람이 그만뒀다고 해서 죄책감을 가질 필요는 없다. 그래서 다소 시간이 걸리더라도 자신과 코드가 정말 잘 맞고 함께 일했을 때 시너지가 날 수 있는 좋은 사람들을 채용해야 한다.

또한 자신의 관리자에게 채용 상담 약속을 마련해주는 것까지가 세일즈맨의 역할이다. 자신이 채용과 관련해서 상담까지 진행해서는 절대 안 된다. 채용은 비유하자면 구두닦이의 역할 분업인 '찍새'와 '딱새'의 조화다. 영업인은 '찍새'가 되어야 하며, 닦는 건 관리자의 역할이다. 자신이 전부 맡아 하려다가 좋은 사람들을 놓치는 경우가 많다.

전역과 동시에 뛰어든 내가 영업전선에서 보낸 2년 6개월은 인생에서 가장 치열하게 살았던 시기다. 매주 3건의 계약을 체결하기 위해 전국을 돌아다니며 쉬지 않고 움직였다. 그 결과 주 3건 이상의 계약을 116주 동안 체결해 250명이 넘는 고객님들을 모시게 되었다. 세일즈가 안정권에 접어든 그때, 관리자의 길로 전향했다.

나는 최연소 팀장, 최연소 지점장이라는 젊은 시절에 누릴 수 있는 최고의 타이틀을 차지하며 외국계 보험사에 혜성처럼 등장했다. 하는 일마다 잘됐으니 무서울 게 없었다. 보험업을 시작하면서 가진 첫 번째 간절한 꿈이었던 부모님께 용돈 1억 드리기도 해냈다. 평범한 지방대 출신이지만 자서전을 출간하겠다는 두 번째 꿈도 수년 전에 현실로 이뤄냈다. 그러니 우주가 마치 나를 중심으로만 돌아가는 듯했다.

하지만 영원한 성공은 없다. 위기는 말없이 조용히 찾아왔다. 지점장으로서 조직원의 업적은 소득과 비례해 가장 중요한 부분인데, 조직원들이 타사로 이동한 것이다. 믿었던 사람들의 배신은 처음 겪어보는 재정적인 문제로 이어져 1년이라는 시간 동안 너무 힘들었다. 관리자로서는 처음 겪는 대실패라 자존심이 무너졌고, 무엇보다 사람에 대한 상처의 고통이 컸다. 우여곡절 끝에 당시 대세였던 페이스북 마케팅으로 채용에 성공해 1년 만에 재기에 성공했지만, 다시 2년 만에 조직원들의 타사 이동을 또 한 번 겪고 말았다.

이제는 다시 일어날 힘조차 없었고 업계를 그냥 떠나버리고 싶었다. 몸도 마음도 이미 너무 지친 상태였다. 사람이 싫었다. 같은 상황을 똑같이 겪으니 패닉에 빠졌고 7개월간 지옥 같은 방황으로 정말 죽지 못해 살았다. 내일 해가 뜨지 않았으면 하는 마음으로 잠자리에 드는 기분은 겪어본 사람만이 알 것이다.

불과 2년 전 내 월급은 70만 원이었다. 관리자로서 계속해야 하나, 아니면 다시 세일즈를 시작해야 하나. 선택하지 못한 채 매일 불안에 떨면서 살아야 했다. 자존감은 바닥으로 떨어졌고, 재정상황은 바닥을 뚫고 내려갔다. 마이너스가 되어버린 상황에 월 고정지출비를 어떻게 메워야 할지 고민하게 되었다.

하지만 영업의 신은 나를 버리지 않고 또 한 번의 기회를 주셨다. 대기업에서 처음 시작하는 보험 대리점의 신사업 관리자 자리였다. 나의 인생에서 보험 비즈니스는 마지막이라고 생각하고 유일하게 남은 믿을 수 있는 동기와 함께 새로운 회사의 공동대표로서 다시 시작했다. 조직원들의 타사로의 이탈을 막기 위해 회사 시스템을 우리가 원하는 방식으로 만들어나갔다. 그동안 실패한 경험을 자산으로 삼아, 새로운 목표와 비전이 생기니 죽어있던 가슴이 다시 뛰기 시작했다. 1만 명 이상의 구독자가 있는 내 유튜브 채널도 채용의 속도를 높이는 데 도움이 되었다.

망가진 몸을 운동으로 재활하면서 기세를 끌어올렸다. 만나는 사람들마다 가슴 뛰는 비전으로 확신을 전했다. 그 결과 2년 만에 500명이라는 조직을 만들었고, 현재 지난 14년 동안 한 번도 가보지 않았던 길을 가게 되었다.

나는 인생의 소득 최대 기록을 매달 갱신 중이다. 이제는 자신 있게 말한다. 지금의 이 사업을 하기 위해 그동안 14년 넘게 힘들게 버틴 것 같다고.

월 소득이 70만 원일 때 옆에 있던 사람들이야말로 월 소득 7000만 원이 되어서도 함께할 사람들이었다. 잘나갈 때 접근한 사람들은 언제 어떻게 사라질지 모른다. 나와 함께 있어야 할 사람을 현명하게 판단하는 것도 능력이다. 세일즈에서 일하는 14년 동안 두 번의 성공, 두 번의 실패를 경험했다. 이제는 같은 실수, 같은 실패를 반복하지 않는다.

내 인생 30대 후반에서 40대 후반까지의 향후 10년이 남은 60년 인생의 수준을 결정할 것이다. 그러므로 하루하루가 소중하고 귀하다. 눈 감는 그 순간까지 내게 주어진 시간에 최선을 다해 살아야 한다. 나이를 먹을수록, 자리가 높아질수록, 연봉이 높아질수록 시간의 소중함과 귀함을 알아가게 된다. 나의 시간을 더 의미 있게 생산적으로 사용하고 싶다. 그 시작은 바로 오늘부터다. 최고의 방어는 공격뿐. 달리는 말은 먼지 따위를 마실 틈이 없다.

당장의 성과나 결과가 보이지 않더라도 자신의 길을 가라. 묵묵히 가다 보면 예상하지 못했던 새로운 기회와 전혀 기대하지 않았던 사람들을 만나게 된다. 버티면 기회가 온다. 가장 무서운 사람은 성공만을 경험한 사람이 아니다. 성공을 경험하고 실패로 밑바닥까지 내려갔다가 다시 올라온 사람이다. 왜냐하면 더 이상 잃을 것이 없으니 무서울 게 없기 때문이다. 실패가 와도 다시 일어나는 법을 안다. 지금 하고 있는 일들이 잘 풀리지 않아 힘든 사람이라면, 내게 성장할 수 있는 기회가 왔다고 생각하라. 앞으로 올라갈 일만 남았고 잃을 게 없으니 얼마나 좋은가.

영원한 건 없다. 영원한 성공도 영원한 실패도 없다. 잘나가더라도 한순간에 몰락하는 유명인들을 보면서 올바른 태도와 인성이 가장 중요함을 깨닫게 된다. 잘나갈 때 겸손하고 잘 안될 때 담대하라. 사람 인생은 어떻게 될지 아무도 모른다. 무시했던 사람이 대박이 나는 경우도 있다. 기대를 했던 사람이 기대만큼 해주지 않거나, 믿었던 사람이 배신을 하기도 한다. 언제나 좋은 결말만이 있을 순 없다. 내가 한 만큼이 반드시 결과로 돌아오지 않을 수 있다.

도전하고 또 도전하자. 지금 하고 있는 방법이 정확히 성공의 본질을 추구하고 있다면 당장의 성과가 눈에 보이지 않더라도 묵묵히 걸어가라. 무조건 버티다 보면 운명의 신은 당신을 포기하지 않고 기회를 줄 것이다. 실력과 타이밍 그리고 기회가 만났을 때 그동안 찾아오지 않았던, 경험해보지 못했던 행운들이 물밀듯이 쏟아져 올 것이다.

사람은 과거에 아무리 잘해줬어도
마지막에 못해준 것만 기억한다.
인간관계에서 처음보다 마무리가 더욱 중요한 이유다.

인간관계란 게 다 내 맘 같지 않다.
비즈니스를 10년 이상 같이하지 않았다면
쉽게 믿지 마라.
뼈저리게 아픈 상처를 통해 얻은 교훈이다.

그러니 너무 정 주고 마음 주다 상처받지 말고
내가 좋아하는 사람들에게 더 잘해주고 챙겨주자.

그게 나를 위한 길이다.
내가 제일 소중하니까.

03

성취하는 사람들의 5가지 특징

인생은 세일즈다. 직장이든 어디든 사람이 사는 곳이고 그들의 마음을 얻어야 자신이 원하는 것을 얻을 수 있다. 샐러리맨이든 세일즈맨이든 자신을 브랜딩해야 하는 건 필수인 셈이다.

특히 매월 고정급여가 있지 않은 치열한 세일즈 분야에서 성공하는 사람들에겐 어떤 특징이 있을까? 그들을 공부하고 벤치마킹 하는 것만으로도 당신은 성장할 수 있을 것이다.

긍정적인 사람

부정은 긍정보다 강하다. 부정적인 생각은 하되 말로 내뱉어서는 절대 안 되는 이유다. 말로 하는 순간 부정적인 일이 벌어질 확률이 높다. 성공한 사람들도 부정적인 생각을 할 수는 있지만 그들은 절대 말로 하지 않는다. 말을 하는 순간 부정적인 생각대로 행동할 수 있음을 알기 때문이다. 일부러라도 긍정의 말을 반복해서 많이 해야 한다.

말이 씨가 된다는 말처럼, 말에는 생명력이 있다. 말한 대로 행동하게 되고 습관이 되고 현실이 되기 때문에 말조심해야 한다. 무조건 잘될 거라는 터무니없는 긍정도 좋은 건 아니지만, 부정보단 긍정이 낫다. 사람은 좋은 기운을 갖고 있는 사람과 함께하고 싶어 하기 때문이다. 누구나 그늘지고 어둡고 처지는 사람과는 만나고 싶어 하지 않는다. 사람의 감정과 에너지는 빠르게 전파되고 감염된다. 나는 어떤 에너지를 지닌 사람인지 냉정히 판단해보자. 고객에게 느껴질 텐션이 좋지 않다면 적당히 기분을 끌어올린 뒤에 미팅을 해야 한다. 고객은 당신의 확신과 기운을 선택하기 때문이다.

세일즈는 멘탈 싸움이다. 계획한 대로 되지 않는 상황이 계속 일어난다. 포기하고 싶고 짜증 나는 순간들이 비일비재하다. 그런 상황 속에서도 하던 대로 계속 실행해야 하기 때문에 정신력이 관건이다. 성공하고 싶고 잘하고 싶은 욕구가 강한 사람일수록 그만큼 비례해서 많은 일을 겪는다.

이런 순간에 부딪혔을 때 부정적인 사람들은 이겨내지 못하고 포기하고 만다. 기분이 태도가 되어버리고 만다. 그래서 긍정 마인드가 절대적으로 중요하다. 그럼에도 불구하고 다시 한번 도전하게끔 일어서는 힘을 주기 때문이다. 주변에서 아무리 격려하며 좋은 말을 수백 번 해줘도 결국 자신의 마음을 조절하는 건 본인의 몫이다.

'내가 더 잘되려고 이러나보다.'

'이번에 이렇게 실패해봤으니 다음에는 절대 똑같이 실패하지는 않겠다.'

'다음번에 잘될 수 있는 확률이 올라간 거야.'

이렇게 마음을 다잡으며 위기를 이겨내야 한다. 긍정적 멘탈은 성공으로 가는 지름길이자 필수 요소이다. 분야를 막론하고 성공한 사람 중 부정적인 사람은 없다. 사람은 생각한 대로 행동하기 때문에 긍정인지 부정인지에 따라서 습관이 달라지고 결과도 현저하게 달라진다.

반드시 좋은 기운과 열정의 에너지를 내는 사람들과 함께하자. 사람의 감정은 빠르게 전염되기 때문에 자신을 위해서라도 긍정적인 사람들과 친분을 유지하라. 부정적인 말을 하고 안 좋은 기운을 내뿜는 사람은 무조건 멀리하라. 성공의 시작은 거기에서부터다.

욕심 있는 사람

다이어트와 일에서의 성공, 이 두 가지에는 공통점이 있다. 안주하면 실패한다는 것이다. 경험상 '이만하면 됐다' 하는 순간 반드시 위기가 찾아왔다.

성공한 사람들은 욕심이 많다. 끝없이 자신의 목표를 말하고 알리고 다닌다. 주변 사람들이 다 알 정도로 지겹도록 반복한다. 결국은 사람들로부터 도움을 받는다. 그들은 목표를 달성해도 절대로 거기서 안주하지 않는다. 현재보다 더 높은 목표를 다시 설정하고 새롭게 도전한다. 이미 달성해본 자신감과 경험치를 바탕으로 더 빨리 성취해나간다.

자신의 자리에서 안주하지 않고 끊임없이 성장하기 위해 배우고 투자한다. 1000만 원을 벌게 되면 2000만 원을 벌기 위해 노력한다. 이미 2000만 원을 벌고 있는 사람들과 친해지고 그들을 통해서 노하우와 태도와 기술을 배운다. 그렇게 2000만 원을 버는 데 성공하면 3000만 원을 벌고 있는 사람을 만나서 또다시 성장해나간다. 한 자리에 오래 머물지 않는다. 일을 잘하고 오래 한 베테랑도 일을 잘하는 신입 영업사원의 노하우 세션이 있으면 제일 앞자리에서 듣고 뭐든지 하나라도 더 배우려고 한다. 더 많이 배우고 더 열심히 해야 할 사람들은 욕심이 없어 노력하지 않고, 덜 열심히 해도 되는 사람들이 더 열심히 하는 경우를 많이 봐왔다. 잘되는 사람들이 계속 잘되고, 안되는 사람들이 계속 안 되는 이유다.

욕심도 성격이지만 바꿀 수 있다. 자신이 만나는 사람들을 바꾸고 환경을 바꾸고 생각을 바꿔라. 사람은 능력만큼 일하지 않는다. 자신이 정한 목표만큼 일한다. 목표 설정이 가장 중요한 이유다. 우리가 작은 꿈이 아닌 큰 꿈을 가져야 하는 이유이기도 하다. 꿈이 커야 실패해도 깨진 조각이 크다. 높은 목표를 가진 자만이 더 많이 도전하고 성장의 경험을 맛본다. 느낌이 아닌 정확한 팩트를 통해 실패를 반성하고, 재도전할 때마다 달성할 확률을 높여간다. 성공하고 싶다면 절대로 멈추지 말고 계속해서 도전하라. 지금 당신이 있는 위치도 과거엔 불가능하다고 생각했던 위치였을지 모른다.

경청을 잘하는 사람

앞에서 간간이 연애에 비유하기도 했는데, 세일즈와 연애는 프로세스가 같다. 사람을 발굴하고 전화로 약속을 잡고 만나서 알아가고 자신을 어필해 마음을 얻는 일련의 과정이 같기 때문이다. 결국 사람이 가장 중요하다. 외모, 말투, 목소리, 제스처, 복장, 가치관, 비전 등 상품이 아닌 사람으로서의 매력으로 상대방의 마음을 얻어야 한다.

외모가 출중하다고 해서 실적과 비례하지 않는다. 오히려 빼어난 외모는 부담이 되고, 다른 부분에서 부족함을 보인다면 실망은 배가 된다. 그래서 마음을 얻기 위해 무엇보다 중요한 자질은 경청이다. 말을 하기보단 잘 들어줘야 한다. 6 대 4, 7 대 3의 비율로 더 많이 귀를 열어야 한다. 영업을 잘하는 사람들은 경청의 달인이다. 적절한 질문을 통해 상대방의 마음을 간파하고 진짜 원하는 게 무엇인지 알아차린다. 그리고 한방에 해결책을 제시한다. 대부분의 사람은 자신의 이야기를 하는 것을 좋아하기에 겉치레가 아닌 진심으로 이야기에 귀 기울인다면 반드시 당신이 원하는 것을 얻을 수 있다.

스펀지 같은 사람

아기가 태어나면 식사는 누가 챙겨줄까? 아마도 부모님, 아니면 먼저 태어난 형제, 자매일 것이다. 성장하고 싶다면 누구의 말을 악착같이 들어야 할까? 바로 자식의 건강과 성장, 행복을 누구보다도 원하는 부모님의 말씀이 아닐까.

경력자를 제외하고 처음 시작하는 신입들은 막 태어난 아기와도 같다. 나이, 스펙, 학력과 상관없이 지식과 경험이 전혀 없기 때문이다. 10년 넘게 관리자로서 살아온 경험상 아기 단계인데도 부모의 말을 듣지 않고 분유도 먹지 않으려는 사람들이 많다. 이런 사람들은 시간이 지나도 성장을 못한다. 적어도 1년간은 무조건 관리자가 하라는 대로 따라야 한다.

줄탁동시(啐啄同時)라는 사자성어가 있다. 달걀 속 병아리가 부화할 때, 병아리가 껍질을 쪼고 어미 닭이 그 소리를 듣고 밖에서 부리로 쪼는 것이 동시에 행해져야 병아리가 알을 깨고 나올 수 있다. 새끼가 자기 힘만으로 껍질을 깨뜨리려 하면 힘이 부족해 빠져나올 수 없고, 어미가 대신 껍질을 깨주기만 하면 새끼는 스스로 살아갈 힘을 기르지 못해 죽고 만다. 세일즈맨 혼자서는 결과를 만들 수는 있어도, 껍질을 깨뜨리고 한 단계 높이 올라가는 성장을 해내기는 어렵다.

즉, 세일즈맨은 스펀지 같아야 한다. 필요한 것은 스펀지가 물을 빨아들이듯 흡수해서 내 것으로 만들어야 한다. 아무리 좋은 성공방식, 노하우를 알려줘도 알려준 대로 하지 않는 사람들이 대부분이다. 이러면 두 가지 문제점이 발생한다. 첫째는 시간 낭비와 실패 반복이다. 둘째로 더 큰 문제는 도움을 준 사람이 갖고 있던 호감이 사라진다는 것이다. 굳이 시간과 마음과 에너지를 써서 알려줬는데, 열심히 따라 한다면 응원하는 마음에 하나라도 더 알려주려 할 것이다. 하지만 그 반대라면 답이 없다. 이후부턴 굳이 알려주려고 하지 않을 것이다. 알려준 대로 하지 않고 변하지도 않으니 알려줄 필요가 없기 때문이다.

그렇다면 알려준 대로 왜 하지 않을까? 의심하기 때문이다. 자신이 변할 수 없다고 생각하고 마음을 닫아버리기 때문이다. 교육을 듣기 전에는 내가 바뀔 마음의 준비가 됐는지, 왜 바뀌어야 하는지, 수용할 자세와 태도가 되어있는지 먼저 체크하는 게 중요하다. 그게 당신과 도와주는 사람을 위한 배려의 시작이다.

세일즈를 잘하는 사람들은 배움에 끝이 없다. 이미 잘하고 있는 사람들의 강의를 놓치지 않고 배울 점을 빨아들인다. 마치 복사하고 붙여넣기를 하듯 자신의 것으로 만들어 영업력을 향상시켜 간다. 당연히 계약할 확률도 높아진다. 물을 빨아들일 스펀지가 될 것인지 아닌지는 오로지 마음 먹기에 달렸다.

실행을 반복하는 사람

생각이 많으면 여러 이유를 핑계로 발이 무거워진다. 아무런 생각 없이 행동만 해서도 안 되지만, 세일즈에 관해서는 고민하지 말고 단순하게 반복적으로 움직여야 한다. 못 만날까봐, 계약이 안 나올까봐 움직이지 않는 사람에게 기회란 없다. 그냥 가야 한다. 지점에 앉아있는 사람과 현장에 도착한 사람의 마음가짐은 다르다. 지점에서 먼 곳까지 왔다면 온 김에 한 명이라도 더 만나기 위해 절박해진다. 그 절박함이 예상하지 못했던 계약으로 이어지는 기적을 나는 현장에서 수없이 경험했다.

세일즈맨은 축구선수와 같다. 이동거리가 길고 볼 점유율이 높으면 그만큼 기회가 생길 가능성도 높아진다. 움직이지 않으면 기회는 찾아오지 않는다. 생각하지 말고 그냥 움직여라. 답은 언제나 현장에 있다. 성취하는 사람들은 지금 이 시간에도 분주히 현장에서 움직이고 있다.

같은 행동을

2개월 반복하면 습관이 되고

4개월 반복하면 지인들이 인정하고

6개월 반복하면 눈에 보이는 결과로 나타나고

12개월 반복하면 인생이 바뀐다.

04

선배의 어깨 위에서 성장하라

앞에서 줄탁동시에 대해 이야기했다. 신입이 처음 입사해서 보게 되는 사람은 바로 사수 관리자다. 알에서 깨어나 처음 어미를 보는 새끼처럼, 처음 시작하는 세일즈맨의 태도, 습관, 이미지를 결정하는 사람이 바로 사수다.

지금의 내가 될 수 있게끔 가장 중요한 영향을 미친 분은 나의 팀장님이다. 작은 키에 평범한 외모지만 자신에 대한 프라이드와 반드시 성공할 거라는 확신은 대한민국에서 최고라고 말할 수 있는 분이었다. 그런 자부심에 인간적인 따뜻함마저 지닌 분이라 나는 회사보다도 이분과의 미팅을 통해 보험업을 선택하게 되었다.

하지만 그런 사수도 처음부터 좋은 선배의 면모를 지닌 것은 아니었을 것이다. 나름의 연습과 노력이 필요하다. 좋은 사수, 좋은 관리자로서 성장하기 위한 팁을 정리한다.

팀원들이 퇴근하기 전까지 퇴근하지 않는다

최고의 리더는 말이 아닌 행동으로 보여주는 사람이다. 팀장님은 늘 가장 먼저 아침 7시에 출근해서 늘 12시를 넘기고 퇴근하셨다. 전국 현장에서 운전하며 밤새 상담으로 고생하는 팀원들이 있는데 먼저 퇴근할 수 없다며, 가능하면 꼭 지점에 복귀하게 해서 얼굴이라도 보고 퇴근하겠다는 마음이셨다. 나도 하루 일과를 끝내고 귀점을 해서 그날 있었던 일들을 팀장님과 돌아보고 상담을 했다. 언제든지 지점에 가면 기다려주는 사람이 있다는 것 자체가 위안과 의지가 되었다.

자신의 성공보다 팀원들의 성공을 진심으로 바라는 팀장님의 진심을 확신하게 된 순간 빨리 지점장으로 승격시켜 드리고 싶었다. 이런 마음은 다른 팀원들도 같았다. 만족은 반드시 소개로 이어지는 법이다. 우리 조직과 팀장님에 대한 자부심으로 단시간에 지점장으로 만들어드릴 수 있었다. 또한 수년에 걸쳐서 전국 챔피언 지점장 타이틀을 놓치지 않았다.

세일즈맨은 뚜렷한 목표를 갖고 노력한다면 커다란 힘을 낼 수 있다. 그런 세일즈맨들이 팀으로서 한마음 한뜻으로 간다면 실패할 수가 없다. 그 선봉에는 반드시 솔선수범하는 리더가 있다.

매일 전화를 해서 챙겨준다

팀장님은 늘 틈나는 대로 전화를 걸어주셨다. 별일 없는지, 밥은 먹었는지, 멘탈은 괜찮은지, 현장에서 고민거리나 해결되지 않은 일이 있는지 확인하셨다. 고민을 말씀드리면 곧바로 현명한 피드백을 해주셨다. 사회생활을 시작하고 나서 처음 울었던 때도 바로 첫 달 영업을 할 때 팀장님과 통화를 하면서였다. 둘째 매형을 계약하고 나와서 팀장님의 목소리를 들었는데 얼마나 서럽고 슬픈지 눈물까지 흘렸던 기억이 있다. 자신감으로 시작한 세일즈였지만 막상 경험한 현장은 생각보다 차가웠고 자존심을 버려야 하는 어려운 일이었다. '롱런할 수 있을까' '살아남을 수 있을까' 하는 불안감이 엄습해왔다. 그날 팀장님의 말씀을 듣고 오열했다.

"이젠 가족을 계약했으니 절대로 업을 떠나선 안 돼."

세일즈가 다른 사람에게 피해를 주는 일이라면 그 피해를 가족에게 준 것이다. 세일즈는 자기 상품에 대한 확신으로 다른 사람에게 도움과 기쁨을 주는 일이다. 그러니 가족에게도 세일즈를 할 수 있다. 매일 자필일기를 적게 된 것도 그날 통화 이후로 마음을 정리하려고 시작한 게 지금까지 이어져 습관으로 굳은 것이다. 만약 그날의 눈물과 팀장님과의 통화가 아니었더라면 오늘의 나는 없었을 것이다.

세일즈를 하면서 정말 사소한 순간의 전화 한 통, 사소한 메시지 하나가 나비효과처럼 행운의 결과로 돌아오는 경험이 많았다. 매일 전화로 관심과 응원을 받아서 내가 고객관리를 할 때도 고객에게 매주 안부 연락을 하는 방법으로 활용했다. 전화 연락은 그만큼 중요하다.

자리에 앉아있지 않는다

팀장님은 출근하면 책상에 앉아있기보다 늘 밖에 나와 출근하는 사람들을 맞이했다. 일일이 눈인사를 하며 사람들을 챙겼다. 본인 업무는 둘째, 동료들에게 하는 인사가 첫째였다. 피곤에 절어 출근한 사람들, 문제가 생겨 멘탈이 나가있는 사람들, 지각해서 눈치를 보며 들어오는 사람들을 일일이 챙기는 모습을 보여주셨다. 그리고 시간이 되면 일하러 나가는 사람들을 쫓아가 엘리베이터 앞까지 배웅해줬다. 손을 꼭 잡고 파이팅 구호와 함께 오늘 좋은 결과를 기대한다며 응원을 해주셨다. 기운과 에너지를 주기 위함이었다. 그런 작고 세심한 배려는 멘탈이 중요한 조직원들에게 용기가 되고 힘이 되었다. 나중에 관리자가 되면 나도 똑같이 해야겠다고 생각했다.

출근한 사람들과 눈도 쳐다보지도 않고 말로만 인사하는 관리자들도 있는데, 그런 조직이 잘 될 리 없다. 함께 일하는 조직원을 애지중지 아껴도 잘 될까 말까다. 경험상 조직의 분위기가 좋다고 해서 반드시 우수한 실적으로 비례하지 않는다. 단, 대부분의 우수한 실적을 만들어내는 조직은 분위기가 반드시 좋다. 이게 팩트다. 자신을 낮추고 존경하고 존중해주는 리더야말로 진짜 리더다.

작은 것이라도 일단 챙겨준다

팀장님은 주말에도 늘 회사에 나오셨다. 주말에도 업무를 하기 위해 나와 있는 사람들이 있으면 먹거리를 사주거나 자신이 가져온 음식을 먹였다. 초콜릿이든 사탕이든 요구르트든 정말 작고 사소한 것들을 무조건 먹였다. 일단 만나면 먹이고 시작한다. 사람들은 큰 것보다는 작은 것에 더 감동을 받기 마련이다. 작은 배려와 챙김이 계속되면 마음이 가고 신뢰가 쌓일 수밖에 없다.

나는 팀장님의 정성을 나의 영업에도 똑같이 적용했다. 만나는 모든 사람에게 비타민 음료나 자양강장제를 먹였다. 그게 한두 번 계속 쌓이다보면 나중엔 받아먹은 게 고마워서라도 상담으로 이어지게 되었다. 일단 먹이고 시작하는 것, 쉽고 간단해서 누구나 알고 할 수 있지만 아무나 실천하지 않는 비법 중의 하나다.

인간관계가 좋은 사람이 영업력도 좋다

앞에서 내가 배운 팀장님은 인간관계의 힘을 알고 계신 분이었다. 사람은 함께 있을 때 즐겁고 재밌고 도움이 되는 사람과 어울리고 싶어 한다. 우울하고 재미없고 부정적이고 도움이 안 되는 사람을 좋아하는 사람은 없다.

탁월한 성과를 만들어내는 세일즈맨들은 상대방을 위한다는 느낌을 받게 해주는 사람들이다. 일단 편안한 분위기를 만들어주고 상대방의 속 이야기를 이끌어낸다. 사람이라면 내성적이든 외향적이든 자신의 이야기를 하는 걸 싫어하는 사람은 없다. 자신의 이야기를 꺼내게 하고 말을 잘 들어주는 사람에게 마음을 열 수밖에 없다.

이런 사람은 눈치도 빠르다. 상대가 뭘 원하는지를 알고 쓸데없는 말을 하지 않는다. 상대방이 원하는 것을 정확히 간파하고 불필요한 시간과 에너지를 낭비하지 않게 한다. 세일즈의 본질은 판매다. 판매를 하기 위해선 설득해야 하고, 설득하기 위해선 마음을 얻어야 한다. 세일즈든 인간관계든 사람의 마음을 얻는 일이다.

성공하는 사람들은 상품에 치중하지 않고 상대방의 마음을 파악하는 데 온전히 집중한다. 현재의 관심사, 걱정거리, 고민하는 부분, 말하지 못하는 부분까지도 질문과 공감을 통해 이야기하게 만든다. 그리고 명확한 해결방안을 제시한다. 내 일처럼 생각하고 도와주는 사람, 마음의 파트너, 상품만을 파는 판매원이 아닌 동반자가 되어야 한다.

설득의 필승전략, 구장신공

내가 만든 설득 전략은 바로 '구·장·신·공' 법칙이다. 구성 설명, 장점 안내, 신뢰할 자료 제공, 공감 얻기로 이어지는 순서로 상대를 설득하는 방법이다.

처음에는 상품의 구성에 대해서 설명한다. 이때 3가지, 또는 5가지 등 홀수로 정리해서 설명하는 방법이 좋다. 초등학생이 들어도 이해하기 쉽게 설명한다. 어려운 전문용어는 피하는 게 좋다. 상대방을 이해시키는 게 가장 중요하다.

두 번째는 장점을 설명한다. 장점도 3가지나 5가지로 설명하되, 이때 중요한 건 장점을 설명하기 전에 단점을 한 가지 알려주는 것이다. 비즈니스에서 약점을 공개하는 것이 위험하다고 생각할 수 있으나 실제론 그렇지 않고 오히려 솔직함으로 보이게 된다. 대부분은 자신의 회사가 최고이고 자신의 상품이 1등이라고 장점만을 부각하려 힘쓰기 때문이다. 한 가지 약점을 설명하고 이를 커버할 수 있는 장점을 3가지, 5가지 정도로 소개한다.

세 번째로 신뢰할 수 있는 공신력 있는 객관적인 자료를 제시한다. 뉴스에 나온 자료, 신문에 나온 자료 등 합리적이고 이성적인 부분으로 어필한다. 시각적인 자료도 좋지만 영상자료도 좋다.

마지막 네 번째는 제품의 필요성에 공감하도록 감성을 자극하는 작업이다. 결국 마지막에는 마음을 건드린다.

"고객님에게 제안한 상품을 저도 실제로 하고 있습니다."

"우리 부모님도 가입하신 상품입니다."

"저는 회사 편이 아니라 고객님 편입니다."

이성적으로 접근해 숫자로만 어필하고 밀어붙이면 사람은 끝없이 계산하고 다른 세일즈맨에게 구매하면 더 좋은 게 없는지 고민하게 된다. 어차피 똑같은 상품이라면 좀 더 마음을 편안하게 해주는 사람, 도움을 받을 수 있는 사람, 계속 알고 지내면서 연락하고 싶은 사람과 계약하고 싶은 게 사람의 심리다. 최종적으로 감정과 마음을 얻어야 한다. 성공하고 싶다면 구·장·신·공 법칙에 맞춰서 자신의 비즈니스를 어필하라.

사람은 하루에 4시간만
자더라도 죽지 않는다.

잠자면서 꾸는 꿈은
4시간에 불과하지만

현실에서 이루는 꿈은
40년을 누릴 수 있다.

좀 자야 하는 사람들이 안 자고
덜 자도 되는 사람들이 더 잔다.

잠을 자는 동안에도
돈을 버는 구조가 없다면
잠을 자지 말고 돈을 벌어라.

05

사람들이 따르는 리더는 '이것'이 다르다

솔선수범한다

입으로만 나를 따르라고 하면 따라갈 사람이 없다. 사람은 이기적이고 간사해서 자신보다 더 많은 돈을 버는 사람을 좋아하지 않는다. 시기하고 배 아파하는 게 당연하다. 그래서 관리자를 하면서 반드시 지켜야 하는 원칙은 더 열심히 사는 모습을 보여주는 것이다. 상급자가 되었다고 해서 늘어지거나 나태한 모습을 보여주면 존경심은 멀어진다. 비전상실 증후군을 핑계로 떠날 명분을 찾기 시작한다. 성공한 사람들은 위로 올라갈수록 더욱 솔선수범한다. 소득이 높아진다고 초심이 흔들리지 않고 더 큰 책임감으로 더 열심히 산다. 그러한 모습을 보여주면 함께 일하는 사람들도 자극을 받아 똑같이 되기 위해서 더 열심히 할 수밖에 없다.

말로만 하기보단 행동으로 먼저 보여주는 게 최고다. 성공한 사람들은 늘 먼저 솔선수범하고 보여준다. 보여주고 따라 하라고 한다. 말로만 나를 따르라고 하면 누가 따라가겠는가. 사람들을 이끌고 싶다면 가장 먼저 선두에 있어야 하고 가장 나중에 퇴근해야 한다. '열심히'라는 말은 말이 아닌 행동으로 보여주는 것이다.

돈을 아끼지 않는다

말로 하면 잔소리지만 밥을 사주면서 하면 조언이 된다. 사람의 마음을 표현하는 방법은 여러 가지가 있겠지만 가장 현실적이고 직설적인 표현은 결국 돈이다. 돈에는 가치가 포함되어 있기 때문에 사람에게 돈을 쓴다는 것은 그만큼의 관심과 애정을 표현하는 것이다. 생일날 축하한다는 메시지를 받으면 고맙기야 하겠지만 감동까지는 없다. 많든 적든 돈이 들어간 선물로 표현하면 감동을 받는다.

성공한 사람들은 함께 일하는 사람들에게 돈을 아끼지 않는다. 먹는 것이든 선물이든 돈을 씀에 있어서 아까워하지 않는다. 평소의 나눴던 대화 속에서 메시지를 기억해뒀다가 선물을 해서 감동을 준다. 사람들은 작은 일을 놓치지 않고 기억하고 챙겨줬을 때 감동을 받기 때문이다.

내게 돈을 아끼지 않고 잘 사주는 리더를 좋아하지 않을 사람이란 없다. 최고의 리더란 함께 일하는 사람들을 배부르게 하는 것이다. 크게 보면 민생의 안정도 결국은 먹고사는 문제 없이 불안하지 않게 하는 것이다. 돈과 관련해서는 일체의 실수 없이 깔끔한 관계를 유지하고, 함께하는 사람들에게 돈을 아끼지 않음으로써 그들의 마음과 신뢰를 산다.

위임하고 맡긴다

조직의 목표는 절대 혼자서 달성할 수 없다. 팀이든 기업이든 조직원 각자의 분야가 다르다. 성공한 사람은 조직원의 능력과 의견을 충분히 존중하고 믿고 위임한다. 진행과정에 있어서 의견충돌이 있더라도 관여하지 않는다. 믿고 맡긴 만큼 기다린다. 단, 결과에 대한 책임을 물을 뿐이다.

사공이 많으면 배는 반드시 산으로 가는 법이다. 비즈니스에서 속도는 생명과 같다. 위임을 하고 나서도 계속 관여하는 사람들이 많다. 그만큼 시간은 연기되고 일을 맡은 사람의 불만은 커질 수밖에 없다. 조직원에게는 '이럴 거면 본인이 하지, 나한테 왜

맡겼나' 하고 의구심이 생길 게 뻔하다. 또한 미션을 내릴 때에도 일방적인 '짬처리'식이 아닌 구체적인 대안과 이유를 근거로 충분히 고민할 수 있는 그림을 제시함으로써 과제를 수행해가는 데 효율성을 부여한다. 그리고 함께 고민해주면서 미션을 해결해나가야 한다.

함께 성장을 함에 있어서 혼자가 아닌 함께 만들어나간다는 믿음과 신뢰를 줌으로써 동기부여를 이끌어내고 솔선수범함으로써 따를 수밖에 없게 만들어야 한다. 신뢰를 바탕으로 조직원들과 한걸음 한걸음 나아간다. 이렇게 성공하는 사람들은 일단 선택했으면 의심하지 않고 믿고 맡긴다.

성공은 할 수도 있고
못 할 수도 있다.

하지만
성장은 무조건 해야만 한다.
작년, 지난달, 어제보단 나아야 한다.
성장이 곧 성공이다.

06

성공의 기회는 실천하는 자에게만 온다

세상의 수많은 위인, 성공한 사람들을 보라. 처음부터 성공하고 계속해서 성공하고 단 한 번의 실패도 경험하지 않은 사람을 찾을 수 있을까. 있다면 너무 불공평하다고 느낄 것이다. 감사하게도 거의 없다. 실패한다는 건 성공으로 가는 당연한 과정이고 누구나 겪는 성장통이다. 인생이란 결국 성숙해지기 위한 고통의 연속이다. 상처 없는 성장은 없다.

14년을 보험 한 길을 걸어온 사람으로서 나를 가장 성장시킨 건 잘될 때가 아닌 어두운 시간, 불안의 시간이었다. 월급 70만 원을 받으면 자존감이란 단어도 사치다. 월급을 2천만~3천만 원 받던 나였기에 충격은 더 컸다. 매일 잠들 때 내일 해가 뜨지 않길 바라는 마음으로 눈을 감았다.

지금 아프다고 갑자기 일어나서 뭔가를 하려고 하지 마라. 더 다치기만 하고 후유증만 생긴다. 잠시 동안의 멈춤도 필요하다. 천천히 안정의 시간도 갖자. 주위를 둘러보며 용기를 내서 일어나보자. 그동안 여유가 없어 보지 못했던, 가까이 있었지만 존재를 몰랐던 새로운 기회들을 발견할 수 있다. 시작은 거기에서부터다. 시간은 우리가 살아있는 한 계속될 것이고, 기회도 매 순간 예상하지 못한 곳에서 우리를 기다리고 있다.

절대로 절대로 절대로 포기하지 말자.

사람은 안 하는 거지 못 하는 게 아니다. "하면 된다"라는 말이 있다. 그냥 해라. 할 뿐이다. 하기 전에 될까 말까 고민하지 말고 그냥 하자. 성공의 기회는 실천하는 사람들만이 누릴 수 있는 유일한 열매다. 못 한다고, 안 될 거라고 생각하는 순간 못 하는 행동, 안 될 수밖에 없는 행동을 하게 된다. 모든 결과의 시작은 생각이다.

가장 힘들었던 순간들을 생각해보라. 나이를 점점 먹을수록 차이는 있겠지만 우리 스스로의 인생 경험들이 우리를 성장시켜준다는 교훈만 남는다. 30대가 되어 10대 시절 가장 힘들었던 때를 떠올려보자. 대부분 그때는 정말 힘들었지만 지금 생각해보면 너무나 작은 일이었다. 지금의 고통이 전부라고 생각할 필요가 없다. 이 또한 지나간다.

불평 불만하지 말고 잘되고 있는 사람, 성과를 만들어내는 사람들을 벤치마킹하라. 한 번 해서 안 되면 두 번 하고, 두 번 해서 안 되면 세 번 하라. 하기로 마음먹었다면 될 때까지 하는 거다. 10번, 20번, 30번, 100번! 될 때까지 한다. 나중에 알게 된다. 진짜 안 해서 안 됐다는 사실을. 이후에는 넓어진 세계관과 수많은 경험으로 과거와는 다른 삶을 살아가게 된다.

누구나 자신은 정말 열심히 산다고 착각한다. '열심히'라는 착각에 빠져선 안 된다. 결과가 없는 노력과 증명되지 않는 노력은 허상이며 자기 위안이다. 실천 목표를 숫자로 정하고 매일 그 숫자를 달성해가는 것이 '열심히'의 올바른 정의다. 목표가 높은 인생은 지루할 틈이 없다.

당신의 목표는 어디에 있는가. 지극히 현실적이지만 가슴이 뛰는 긍정의 목표이길 바란다.

왜 실천하기가 힘들까? 생각은 안 해서도 안 되지만, 그 생각을 하는 데에 시간이 길어지면 안 된다. 왜냐면 사람은 본능적으로 편안함을 추구하기 때문에 시간이 지날수록 실천을 하지 않기 위한 타협점을 찾는다. 생각은 깊게 하는 거지, 길게 하는 게 아니다. 72시간, 단 3일 동안 심도 있게 고민하고 바로 행동으로 옮기자. 모든 생각의 결과는 실천했을 때 비로소 빛을 발한다. 계산하고 예측한다고 과연 맞을까? 그런 고민을 할 시간에 이미 행동이 빠른 사람들은 실패를 경험하고 피드백을 통해 같은 실패를 하지 않기 위한 보완점을 마련하고 있다. 성공하려면 행동이 빨라야 한다.

실패를 두려워하지 말고 저질러라. 단, 같은 실수를 절대로 반복해선 안 된다. 기록하고 보완하고 다듬어서 성공할 수 있는 확률을 높여야 한다. 다른 사람들의 시선에 너무 신경 쓰지 마라. 사람들은 당신이 생각하는 것만큼 그렇게 당신에게 관심을 갖고 있지 않다. 걱정하지 말고 제발 그냥 하자.

자신을 믿어라. 확언해라. 생각대로 된다.

"나는 살아있음에 이미 성공했다. 나는 억세게 운이 좋은 사람이다. 나는 정말 억세게 운이 좋은 사람이다. 나는 진짜로 정말이지 억세게 운이 좋은 사람이다. 나는 부모님의 자랑스러운 아들이자 든든한 남편이다. 나는 불가능한 꿈을 갖고 매일 순간에 최선을 다해 몰입하는 사람을 살겠다. 나는 무한한 긍정과 뜨거운 열정의 에너지를 나누며 선한 영향력을 전달하겠다.

나는 반드시 성공한다. 나는 내가 생각하고 기록하고 말하고 행동한 대로 전부 이뤄왔고 앞으로도 전부 이룰 것이다. 나는 반드시 성공한다."

매일 잠들기 전 거울을 보면서 이렇게 말했다. 얼굴은 부어있고 피부는 엉망이고 일그러진 얼굴이었다. 월급은 70만 원이지만 이렇게라도 하지 않으면 버텨낼 힘이 없었다. 유튜브에서 우연히 매일 확언하라는 영상을 본 게 기억나서 이거라도 마지막으로 해 보자는 식으로 시작했다.

나는 누구인가, 나는 무엇을 위해 사나, 어떻게 살 것인가, 나의 성공은 무엇인가에 대한 생각을 적고 매일 읽기 시작했다. 이런 행동이 하루하루 쌓이다 보니 조금씩 용기로 바뀌었다. 나 스스로 자신감의 계단으로 올라가는 걸 느꼈다. 어느 순간 확언을 하지 않으면 불안해서 잠이 오지 않을 정도로, 하루가 마무리되는 느낌이 들지 않아 안 하고는 못 배길 정도가 되었다.

아침에 일어나서도 같은 말로 확언을 하기 시작했다. 긍정의 말로 확언을 하자 아침을 시작하는 태도가 바뀌기 시작했다. 하루 두 번, 시작과 끝의 확언이 망가졌던 내 인생을 조금씩 바꿔주었다. 늘 하던 대로 살면 늘 얻던 것만 얻는 법이다. 지금의 연봉은 자신의 생각과 행동의 결과다. 그 숫자를 바꾸길 희망한다면, 하던 대로 하되 하지 않았던 걸 추가로 해야 한다.

단언컨대 나는 확언이 내 인생을 바꿔줬다고 확신한다. 이 루틴을 시작하고 나서부터 내 소득은 급격하게 우상향했다.

당신의 뇌가 오로지 목표에만 집착하고 몰입하게끔 인위적인 환경을 만들어줘라. 그것은 생각과 말과 기록을 통해서만 가능하다. 매일 자필일기를 쓰면서 생각을 정리해 목표에 집중하고, 확언으로 말함으로써 실행 가능성을 높인다.

인생을 바꾸는 방법은 생각보다 너무나 쉽고 간단하다. 멘탈을 바꾸는 힘, 체력을 키우는 힘, 결국 성공도 큰 성공이 아닌 작은 성공에서부터 시작하는 것처럼 정말 사소해 보이는 확언의 루틴에서부터 성공이 시작된다. 당장 자신만의 확언 멘트를 작성하고 매일 잠들기 전과 일어나고 나서 거울을 보며 말하라. 기적은 자신의 마음가짐에서부터 온다. 당신도 할 수 있다.

인생의 최종 목적은
성공이 아니라 성숙이다.
성숙하기 위해선 성장해야 한다.

짜증 나고 스트레스 받고 화가 난다면
성장하고 있는 것이다.
고통 없는 성장은 없다.

눈을 감을 때 마음이 편안해야 한다.
사랑한 이들을 위해 최선을 다했고
후회 없이 노력했노라고.

07

성공한 사람만 알고 있는 부의 법칙

돈으로 시간을 산다

작은 일을 놓치는 사람이 큰일을 성공할 수 있을까. 작은 일을 평가할 수 있는 가장 쉬운 기준은 시간 약속이다. 7시 1분은 7시가 아니다. 그 1분에 신뢰가 더욱 생기기도 하고 없어지기도 한다. 시간을 잘 지킨다는 것만으로도 당신의 가치와 경쟁자를 앞설 수 있다. 몸값이 올라가고 연봉이 올라가고 가치가 올라갈수록 같은 시간이라도 사람마다 시간의 가격은 달라진다.

언제 죽음을 맞이할지 아무도 예측할 수 없기에 우리의 시간은 너무 소중하다. 부자들은 시간을 아끼기 위해서 돈을 투자하지만, 빈자들은 돈을 아끼기 위해 돈보다 값진 시간을 투자한다. 부자들은 돈을 투자함으로써 시행착오를 줄이고 이미 성공한 사람들의 노하우를 빨아들인다. 반면 빈자는 돈이 아까워 자신의 시간을 써가면서 실패와 시련을 반복한다. 성공하고 싶다면 이미 성공한 사람의 시간과 노하우를 사는 데 돈을 투자해야 한다. 세상에 공짜는 없다. 자신의 성장을 위한 것이라면 과감한 투자가 필요하다.

우리 모두의 시간은 너무나 소중하다. 시간을 함부로 사용함으로써 스스로의 가치를 떨어뜨리지 말자. 가족과의 시간을 제외하고 남은 모든 시간은 자신의 성장을 우선순위에 두고 살아가자.

돈에 결핍이 있다

많은 사람이 성공하고 싶다고 말한다. 하지만 말만 하지, 실제로 성공하기 위해 행동하는 사람은 드물다. 왜 그럴까? 그만큼의 결핍이 부족하기 때문이다.

성공한 사람의 대부분은 돈에 대한 결핍이 강하다. 가정환경이 큰 영향을 미쳤을 확률이 높다. 과거에 만족스럽지 못했던 환경이 오히려 강력한 결핍을 만들어준 셈이다. 나 또한 마찬가지다. 아이러니하지만 그런 환경을 만들어준 부모님께 감사하다. 돈이 인생의 전부는 아니지만 살아보니 돈이 없으면 하고 싶은 일이나 지킬 수 없는 것들이 많다. 스스로가 갖고 싶은 것도 있겠지만 사랑하는 사람이 원하는 것을 사주고, 먹고 싶은 것을 먹고, 가고 싶은 곳에 갈 수 있음에 행복을 느낀다. 내가 돈을 쓰는 목적도 그렇다.

미혼일 때는 돈에 집착하는 이유가 결핍이었다면, 기혼자가 되고선 책임감이다. 사랑하는 아내와 자식들을 위해 돈을 벌어야 한다. 가장으로서 결핍과 책임감은 성공을 위한 최고의 동기부여다. 사람의 마음과 의지는 절대 환경을 이길 수 없다. 그런 환경이 없다면 일부러라도 환경을 만들어라.

지독한 몰입의 힘

하고 있는 일에 몰입하고 집중하고 있을 때, 꿈에서도 일하는 자신을 발견하게 된다. 얼마나 스트레스를 받고 고민하고 신경을 쓰면 꿈에서조차 일을 할까. 꿈속에서도 열심히 상담을 했는지 진이 다 빠져있다. 몰입한 사람들에게 나타나는 증상이다. 꿈속에서조차 자신이 하고 있는 비즈니스를 하지 않았다는 것은 그만큼 몰입하거나 집중하고 있지 않다는 뜻이다. 하루 24시간 중에 잠자는 시간을 제외하곤 자신이 하고 있는 비즈니스에만 몰입해야 한다. 적어도 안정적으로 자리 잡기까지 최소 3년은 이렇게 살아야 한다. 이렇게 해도 될까 말까 하다.

비즈니스의 성공은 시간에 무조건 비례하는 게 아니라 몰입한 시간의 밀도에 비례한다. 지금 스트레스를 받고 있지 않다면 내리막길을 가고 있는 것이다. 지금 편하다면 위기가 도래하고 있음을 명심하라.

감사를 아는 태도

2년 6개월간 영업을 하며 차로 가보지 않은 곳이 없다. 북한, 울릉도, 독도, 제주도를 제외하곤 전국 어디든 다 가봤다. 이렇게 운전을 많이 하다 보니 그만큼 사고도 많았다. 타이어 펑크, 차량 접촉사고, 인명사고, 앞차에서 튕긴 파편으로 유리창 파손, 고속도로 4중 추돌, 고라니 접촉사고 등 너무나 힘들었던 에피소드들이 많다.

이런 사고들을 계속 겪다보니 어느 날은 문득 아무런 사고가 없는 날이 감사해졌다. 평범한 하루를 보내고 있다는 것이 당연한 게 아니란 걸 알게 되었다. 이후에 팀장이 되고 나선 나와 다른 팀원들이 아무런 사고 없는 하루를 보낸 것에 감사하게 되었다.

상담을 하려고 3시간을 이동해 부산에 도착했는데 갑자기 고객에게 연락이 되지 않거나 한마디 말 없이 고객의 휴대폰이 꺼져있을 때도 있었다. 부산까지 힘들게 갔지만 만나지도 못하고 그냥 돌아와야만 하는 안타까운 상황이었다. 그런 일을 겪고 보니 나중에는 만날 사람이 약속을 취소해도 오히려 미리 연락을 준 것만으로 감사하게 되었다. 물론 약속이 취소가 된 건 아깝지만 시간이든 금전이든 쓰지 않아도 될 감정과 에너지를 낭비하지 않게 되었기 때문이다.

팀장이 되고 나서 얼마 지나지 않았을 때의 일이다. 나처럼 전역한 장교 후배들이 입사해서 우리 팀에 들어왔다. 그날은 전원 서울로 이사를 오는 날이었다. 오전부터 약 3시간에 걸쳐 이사를 모두 마친 뒤 팀원들을 데리고 서울 상경 이사를 기념해 중국집에 데리고 갔다. 맛있는 짜장면을 주문하고 음식이 나와 식사를 하려는데, 갑자기 팀원 중 한 명이 뜬금없이 질문을 했다.

"팀장님, 근데 왜 저희 탕수육은 안 시켜주시나요?"

순간 아무도 예상하지 못한 질문이라 나를 포함한 나머지 팀원 모두 당황했다. 더욱 놀라운 건 그 친구의 표정이었다. 마치 중국집에 오면 탕수육을 먹는 건 너무나 당연한데 왜 시켜주지 않느냐며 실망한 표정이었다. 중국집엔 일순간 적막이 흘렀다. 잠시 동안의 침묵을 깨고 그 친구가 원하는 대로 탕수육을 시켜주었다. 식사가 모두 끝나고 나서 그 팀원을 따로 조용히 불러 이야기를 해줬다.

"○○아, 감사함의 반대말이 뭔지 아니? 바로 당연함이란다. 선배가 후배에게 밥을 사주는 게 당연한 거니? 만약에 선배가 사준다면 감사하게 생각하고 진심으로 감사한 마음을 말과 표정으로 표현하는 게 맞는 거야. 마찬가지로 팀장이라고 팀원들에게 탕수육을 당연히 사줘야 되는 건 아니니까, 다음부턴 예의를 갖춰 매너 있게 부탁하면서 말하면 좋겠다. 성공하고 싶다면 당연함의 반대인 감사함부터 배워보자."

성공한 사람들이 왜 감사한 삶을 살라고 말하는지 그 이후에도 많은 사건사고를 겪으며 알게 되었다. 아직 감사함을 모른다면 덜 실패했거나 덜 힘든 것이다. 모든 걸 잃었을 때, 그 모든 것이 당연한 게 아님을 알게 된다. 세상에 절대로 당연한 것은 없다. 진짜 성공은 우리가 잊고 지내던 작은 것들에 대한 감사함을 아는 것에서부터 시작한다.

우리가 살아온 인생사도 마찬가지다. 지금의 내가 있기까지 당연한 것은 하나도 없었다. 부모님의 무한 희생이 있었고 형제 누나들의 보살핌이 있었고 주변 사람들의 도움과 보이지 않는 응원이 늘 있었다. 수많은 사건 사고 속에서도 별 탈 없이 건강하게 살 수 있게 해준 매일의 기적과 행운도 있었다. 갖고 있는 것들에 대한 소중함과 감사함을 안다면 건강하고 기쁜 마음으로 살아갈 수 있다.

오늘부터 매일 잠자리에 들기 전 감사한 일 다섯 가지를 자필로 적어보자. 분명히 고민하고 찾아보면 생각하지도 못했던 생활 속의 감사한 일들을 발견하게 될 것이다. 아침에는 오늘을 어떻게 살 것인지에 대해 생각해보자. 오늘 하루를 건강하게 시작할 수 있는 기적의 순간에 감사하자.

고수는 시간을 아끼기 위해
돈을 쓰고

하수는 돈을 아끼기 위해
시간을 쓴다.

부자가 되고 싶다면
과감하게 투자하라.

에필로그 - Thanks to

지금 글을 적고 있는 이 순간에도 참 많은 생각이 든다. 6년 전에 첫 번째 책을 출간할 때도 그랬지만, 난 참 복이 많은 사람인 것 같다. 부족한 능력이지만 그 이상으로 많은 것을 얻으며 살아왔다. 매일 스스로 억세게 운이 좋은 사람이라고 말해서 그런지 정말 좋은 일들이 잊을 만하면 찾아온다. 그동안 도와주신 분들이 많아 이 책을 통해서 감사한 마음을 전부 표현하고 싶지만, 33세 이후의 인생에서 가장 중요한 영향을 끼친 두 사람에게만 특별히 마음을 전하고자 한다.

강헌아, 첫 번째 책에서 너의 이름을 말하지 못한 게 늘 마음에 걸렸다. 2009년도에 처음 보험회사에서 만나 지금까지 14년을 함께하고 있고, 이제는 월급을 반으로 나누는 평생 갈 수밖에 없는 파트너가 되었구나. 성공도 비슷하게 하고 실패도 비슷하게 해서 지금 사업을 함께하게 된 것도 참으로 운명 같아 보인다. 주위 사람들이 우리에게 늘 하는, 둘은 정말 타고난 인연이자 파트너인 것 같다는 말. 각자의 무기가 명확하게 다르고 잘하는 게 정말 다른 둘이 만나니 무서울 게 없는 최고의 궁합이라는 말. 나도 그 말이 맞는 것 같다.

스물여섯에 처음 만나서 서른아홉이 될 때까지 그동안 참 많은 일이 있었는데, 앞으로 10년, 20년 함께 위기를 이겨나가면서 멋있고 품위 있게 늙어가자. 너의 강한 지점의 '강'과 나의 위대한 지점의 '대한'을 합해서 '강대한' 지점으로 시작한, 우리 현대홈쇼핑 GA, KD부문이 원하는 꿈의 목표 5000명을 꼭 달성해내자. 김강헌의 좌우명 "가능하다고 생각하기 때문에 가능해지는 것이다"라는 말처럼 포기만 하지 않으면 반드시 이루겠지. 둘 다 표현을 못 하는 성격이라 가끔 어색할 때도 있지만 이 책을 빌어서 민망하지만 처음으로 말하고 싶다. 고맙다, 친구야. 가장 힘들 때 옆에 있어줘서. 앞으로도 잘 부탁한다.

그리고 사랑하는 아내 나의 소연아. 지금의 내가 있게끔 만든 건 오로지 소연이 덕분이야. 내가 봐도 참 까다롭고 상대하기 어려울 수 있는 사람인데 그런 나를 온전히 받아주고 진심 어린 응원과 내조를 해준 덕에 내가 여기까지 올 수 있었어. 평소에도 표현을 잘 못 하는 성격이라 항상 적극적이고 활달한 너의 성격엔 속상하고 아쉬울 수 있었을 텐데, 묵묵히 늘 배려해주고 이해해줘서 고마워. 내 인생에 네가 없었더라면 나는 절대 성공할 수 없었을 거야. 내게 절실하게 살 수밖에 없는 최고의 원동력이자 동기부여인 당신이 있어 너무 행복하다.

지금까진 내 꿈과 부모님을 위해서 살아왔다면, 이제는 너의 꿈과 우리 가정의 행복을 위해 최선을 다해 살아갈 거야. 오빠가 마음먹으면 무조건 해내는 거 알지? 항상 늘 꿈꿔왔던 아름답고 현명한 아내를 만났다는 것 자체가 이번 생은 성공한 것이자 큰 행운임을 잊지 않고, 앞으로도 네가 세상에서 가장 행복한 아내가 되도록 보답할게. 내 인생 최고의 세일즈는 바로 당신의 마음을 얻은 거야. 이 기회를 빌어 다시 한번 나의 아내가 되어줘서 고맙단 말을 하고 싶다. 평생 사랑합니다.

늘 부족한 아들, 사위를 응원해주시는 부모님들께도 존경과 감사의 마음을 전합니다.

현대홈쇼핑 GA 전국 리더분들, 식구분들 함께해주셔서 너무 감사합니다.

마지막으로, 45세가 되기 전에 두 번째 책을 출간한다는 나의 꿈을 현실로 만들어준 떠오름 출판사에게도 감사의 마음을 전합니다.

상위 1%의
압도적 대화법

초판 1쇄 발행 2022년 5월 20일
초판 3쇄 발행 2022년 12월 9일

지은이 김형준
펴낸이 떠오름

기획 손힘찬
편집 권희중, 권기우
디자인 최치영
마케팅 전효민, 고경표, 이민지, 김하나
영업관리 박현정

펴낸곳 주식회사 떠오름
출판등록 제2021-000002호(2020년 4월 28일)
주소 서울특별시 서초구 강남대로 479, 비1층 122호
전화 070-4036-4586 **팩스** 02-6305-4923
홈페이지 www.risebooks.co.kr
이메일 tteoreum9@nate.com

값 16,300원
ISBN 979-11-92372-05-1 03190